フランス流気取らないおもてなし

apéritif
Food & Drink 115

アペリティフ

吉田菊次郎
Kikujiro Yoshida

村松周
Shu Muramatsu

誠文堂新光社

はじめに

apéritif ［アペリティフ（アペロ）］とは

　アペリティフとは、「ドアを開く」「五感を開く」「食欲を刺激する」という意味のラテン語のアペリーレ（aperire）を語源とした語で、食事の前に口を湿らせ、食欲を起こさせるために飲む"食前酒"を指す言葉として知られています。そしてそのお酒は、各種のリキュールやブランデー、ワイン、シャンパン等とされています。もちろんその通りではありますが、実は単にそれだけではなく、もう少し広い範囲をカヴァーした語でもあるのです。フランス人は、好みのお酒とともに、ちょっとした料理やスイーツを楽しむティーパーティーのことも「アペリティフ」、あるいはもう少しだけて「アペロ」と表現しています。しっくりと当てはまる適切な日本語は見当たりませんが、あえて言うなら「茶話会」のもう少し幅を持たせたものとでも申しましょうか。

　フランスではディナーの前に「アペリティフしない？」「アペロしよう！」と友人同士や仕事仲間で誘い合い、好みのドリンクや、手でちょっとつまめるアミューズを口にしつつ、楽しいおしゃべりで何時間も過ごす習慣があります。美食を堪能しつつ、人との繋がりを重んじ、ゆったりとした人生を楽しむこうしたアペリティフの習慣は、いわばフランス人のライフスタイルそのものといえるでしょう。

　会話とともにお酒を楽しむこうした彼らの習慣を遡ってみると、そのひとつにかつての宮廷文化の時代に上流階級の人々の間で流行した「サロン」文化に行き当たります。サロンとは気の置けない仲間たちが集まり、歌や芝居、絵画や彫刻といった芸術や文学、時には政治などをテーマに、自由に談話を楽しんだ社交場のことをいいます。アートに食文化にと、フランス文化が大きく花開いた華やかなりし頃、かようなるサロンにおいても、さぞ美味なお酒やおつまみが楽しまれたことでしょう。

　こうした貴族社会の文化は、1789年のフランス革命後、激動の時代を経て、生活にゆとりが出てきた頃に、中産階級の人々から徐々に一般市民へと開かれていき、やがてそれが現代のようなカジュアルな「アペリティフ」「アペロ」へと定着していったと思われます。

　現在、フランスでは、毎年6月の第一木曜日を「アペリティフの日」と定めています。そして、ここ日本でも、昨今の人生をエンジョイしようというゆとりを重んじる風潮の広がりとともに、こうした息抜きのひと時を取り入れる傾向が見え始めてきました。

　2004年からは毎年、フランス食品振興会であるSOPEXA（ソペクサ）が、フランスのそれと合わせて同日を「アペリティフの日」として、東京の六本木ヒルズでイベントを開催してきました。2014年には場所を代官山に移して「アペリティフ365 in 東京」と名を改め、日仏の料理人やシェフパティシエが自慢の料理やデセール、ドリンクなどを提供し、フランスの美食文化を紹介。そして、2017年には「Art de vivre à la française in 東京（東京でのフランス風ライフスタイル）」とタイトルを一新し、この習慣のさらなる浸透に力を注いでいます。

　このイベントの開催地は今や世界各国に広がり、日本では東京のほか、北から南まで全国各地16都市にまで及び、大きな広がりを見せています。

　本書は、そんなアペリティフ文化をより広く深く知っていただくべく、拙筆

を取らせていただいたものです。アミューズからデザートまで、ほんの一例ではありますが、アペリティフに欠かせないレシピを多数ご紹介させていただきました。読者の皆様が、本書をもってより楽しく充実したアペリティフライフをお楽しみいただくことができましたら、著者としてこれに過ぎる喜びはありません。

ブールミッシュ
吉田菊次郎

Sommaire

はじめに
アペリティフとは …………………… 2
目次 ………………………………… 6
凡例 ………………………………… 10

Chapitre 1.
野菜・フィンガーフード
Légumes et Bouchées

◆ 野菜のアミューズ
白いんげん豆のペースト ……………… 13
ズッキーニとかぼちゃのオイル漬け …… 14
キャロット・ラペ2種 ………………… 15
いちごドレッシングのサラダ ………… 16
きゅうりとぶどう、ディルのサラダ …… 17
サラダ大根の雑穀ドレッシングかけ … 18
長ねぎと鶏肉のサラダ ………………… 19
そら豆のポタージュ …………………… 20
ガスパチョ風スープ …………………… 20
きのこのポタージュ …………………… 20
ムース3種 …………………… 22, 23
豆腐マヨネーズ ………………………… 24
ディップ2種 …………………………… 24

◆ ちょっとつまんで
クレープのオードブル2種 …………… 25
カレリアンピーラッカ ………………… 26
プティシュー2種 ……………………… 27
2色のケイク・サレ …………………… 28
しっとりとしたケイク・サレ ………… 28
鶏レバームース ………………………… 30
チーズとグレープフルーツのヴェリーヌ … 31
そば粉のガレット2種 ………………… 32
おつまみマカロン2種 ………………… 33
ポテトサラダのミルフイユ仕立て …… 34
うずらの卵のピクルス ………………… 35

Chapitre 2.
肉・魚のおつまみ
Viandes et Poissons

◆ **肉のおつまみ**

自家製ゆでハム	40
ベーコンと甘栗のソテー	41
ミートパイ	42
豚バラ肉の甘みそ蒸し	43
ブシェ・ア・ラ・レーヌ	44
豚の角煮 フルーツソース	45

◆ **魚介のおつまみ**

甘えびのタルタル	46
まぐろのタルタル	46
牡蠣のオイル漬け	47
いわしのオイル漬け	47
さんまのパピヨット	48
コキーユ・サンジャック	49
たこのやわらか煮	50
かじきまぐろのスープ煮	51

◆ **和風のおつまみ**

手まり寿司のプロフィトロール	54
あんかけロールキャベツ	55
きのこと柿の白和え	56
根菜のフリッター	57
白みそと酒粕のディップ	58

Chapitre 3.
小腹が満たせるおつまみ
Casse-croûtes

ピッツァ・タルトフランベ	60
ピッツァ・ノルマンディー	61
アルザスのクグロフ	62
クグロフ・サレ	63
キシュ・ロレーヌ	64
クランペット	97
ポップオーバー	98
クラウドブレッド	98
スコーン	99
春餅	100

◆ **市販のパンで**

卵サンド	101
フルーツサンド	101
カナペ	102
クロック・ムッシュー	103
パン・ペルデュ	104
サンドイッチ・シュルプリーズ	105

◆ **クリスマス**

パネットーネ	106
ベラヴェッカ	106
シュトレン	108
マナラ	109

Chapitre 4.
お菓子・デザート
Gâteaux et Desserts

パン・デピス	113
マドレネット	114
フィナンシエ	114
ブルーベリーとヨーグルトのムース	115
フルーツケーキ	116
ビクトリア サンドイッチケーキ	117
りんごバター & クラッカー	118
コンフィチュール3種	119
黒ビールのギモーヴ	120
マーラーカオ	121
グラン マルニエの琥珀寒	122
ボンボン・ア・ラ・リキュール	122
タルト・タタン	124
バルケット・オ・シトロン	125
りんごのベニエ	126
ごぼうのグラッセ	127
プティ・フール・グラッセ	128
フリュイ・デギゼ	129
ウ・ア・ラ・ネージュ	130
プティ・フール・サレ2種	131
シガラボレイ	132
サクリスタン	133
亜麻仁クッキー	134
ナッツとチーズのアイスボックスクッキー	134
リーフパイ2種	135
ラング・ド・シャ2種	135

ベーシック・カクテル6種

モスコ・ミュール	36
アメリカン・レモネード	36
キール	36
ミモザ	37
ジン・トニック	37
シャンディ・ガフ	37

オリジナル・カクテル6種

サケ・サワー	52
黒糖サワー	52
オレンジのサングリア風	52
カルピスとアプリコットのカクテル	53
ミント緑茶	53
シードルといちごのカクテル	53

基本の生地

シュー生地	138
練りパイ生地	139
丸パン生地	140

アペリティフが素敵に盛り上がる
スタイリングのヒントⅠ,Ⅱ 38,110

Food & Drink

アペリティフがもっと楽しくなる
ドリンク事典 ……… 65

【醸造酒】……… 66
ワイン／シャンパン、スパークリングワイン／
ビール／日本酒

［フランスワインのミニ知識］
～ボルドーとブルゴーニュ～ ……… 67

【蒸留酒】……… 71
ウイスキー／ブランデー／カルヴァドス／
キルシュヴァッサー／焼酎

【スピリッツ】……… 74
ジン／ウォッカ／ラム／テキーラ

【リキュール】……… 75
グラン マルニエとコアントロー／
キュンメルとアニゼット／アマレット・ディ・サロンノ／
ベネディクティンとシャルトルーズ／
カンパリ／クレーム・ド・カシス

【カクテル】……… 77
◎シャンパンベース ……… 77
　キール・ロワイヤル／ミモザ／ベリーニ
◎赤ワインベース ……… 77
　アメリカン・レモネード
◎白ワインベース ……… 77
　キール／スプリッツァー
◎ジンベース ……… 78
　マティーニ／ジン・トニック
◎ウォッカベース ……… 78
　スクリュー・ドライバー／モスコ・ミュール
◎ビールベース ……… 78
　シャンディ・ガフ

アペリティフに欠かせない
チーズ事典 ……… 79

【フレッシュチーズ】……… 80
カッテージチーズ／クリームチーズ／フェタ／
ブリア・サヴァラン／ブルソー／フロマージュ・ブラン／
マスカルポーネ／モッツァレッラ／リコッタ

【白かびチーズ】……… 82
エクスプロラトゥール／カプリス・デ・ディウー／
ガプロン／カマンベール／カマンベール・ド・
ノルマンディー／カレ・ド・レスト／クータンセ／
クール・ド・ヌーシャテル／サン・タンドレ／
シャウールス／シュプレーム／バラカ／プティ・ブリー／
ブリー・ド・クーロミエ／ブリー・ド・ムラン／
ブリー・ド・モー／ボニファッツ

【ウォッシュチーズ】……… 85
エポワス／タレッジオ／ピエ・ダングロワ／
ポン・レヴェック／マンステール・ジェロメ／
モン・ドール／リヴァロ／ルイ／ルブロション

【シェーブルチーズ】……… 87
ヴァランセ／クロタン・ド・シャヴィニョール／
サント・モール／シャビシューデュ・ポワトゥ／シャロレ／
セル・シュール・シェール／ピコドン／バノン／
ブリニー・サン・ピエール／ペラルドン／
リゴット・ド・コンドリュー

【青かびチーズ】……… 89
カンボゾラ／ゴルゴンゾーラ／スティルトン／
ダナブルー／バヴァリア・ブルー／ブルー・デ・コース／
ブルー・デュ・オ・ジュラ／ブルー・ドーヴェルニュ／
フルム・ダンベール／ブレス・ブルー／ロックフォール

【セミハードチーズ】.................. 91

アッペンツェラー／オソー・イラティ／カンタル／
ゴーダ／サムソー／ダンボー／トム・ド・サヴォワ／
ハヴァーティ／フォンティーナ／フルール・デュ・マキ／
プロヴォローネ／ベル・パエーゼ／マリボー／
マンゼル・バベット／モルビエ／モントレー・ジャック／
ライオル

【ハードチーズ】.................. 94

エダム／エメンタール／グラナ・パダーノ／
グリュイエール／コンテ／スプリンツ／チェシャ―／
チェダー／テート・ド・モワーヌ／
パルミジャーノ・レッジャーノ／ペコリーノ・ロマーノ／
ボーフォール／マースダム／ミモレット／ラクレット

【プロセスチーズ】.................. 96

索引 141

凡例

- 大さじ1は15mℓ、小さじ1は5mℓ。
- 粉類は使う前にふるっておく。
- オリーブオイルは、加熱する場合はピュアオリーブオイルを、仕上げにかけたりあえたりする場合はエクストラバージンオリーブオイルを使う。
- バターは特に指定のない場合、食塩不使用のものを使用する。
- オーブンは予熱してから使う。
- アーモンドはホールの場合、ローストしたものを使う(150℃のオーブンで10分)。
- 打ち粉には強力粉を使用する。
- 電子レンジの加熱時間は600Wの場合の目安。500Wの場合は1.2倍に換算して加熱時間を調節する。

野菜・
フィンガーフード

Chapitre 1.
Légumes et Bouchées

お気に入りのお酒とちょっとしたおつまみを用意したら、
フランス式の飾らないおもてなし
アペリティフ（アペロ）のスタートです。
気の置けないの友達たちと
心ゆくまでおしゃべりを楽しみましょう。

{ 野菜のアミューズ }

<Story>
【白いんげん豆】：大福豆、花豆、手亡などの種類があり、白あんの原料として知られるが、クセがないため、スープやサラダなどの料理にも使いやすい。栄養面では食物繊維、ビタミンB^1、B^2が豊富。香味野菜を入れてゆでると風味が良くなるが、手軽に作る場合は水煮缶詰を利用しても。

2色のペーストで心華やぐ一品に

白いんげん豆のペースト

材料（約15個分）

- 白いんげん豆 … 200g
- **A** 玉ねぎ … 1/8個
  - にんじん … 1/3本
  - ローリエ … 1枚
  - 黒こしょう（ホール）… 3粒
  - オリーブオイル … 小さじ2
- **B** 塩、こしょう … 各少々
  - サワークリーム … 10g
- 明太子 … 1/4本
- パプリカパウダー … 小さじ1/2
- 練りパイ生地 <p139参照> … 1単位分
- セルフィーユ … 適量

下準備

- 白いんげん豆はさっと洗い、たっぷりの水とともに鍋に入れ、一晩おく。
- 練りパイ生地は麺棒で3mm厚さにのばし、直径4cmのセルクルで抜く。フォークで数カ所穴をあけ、180℃に予熱したオーブンで約10分焼き、冷ます。

作り方

1. 白いんげん豆と水を入れて一晩おいた鍋に、**A**を加えて火にかける。沸騰したら弱火にし、豆がやわらかくなるまでゆで、水気をきる。**A**は取り除く。
2. 豆をフードプロセッサーにかけてペースト状にし、**B**で調味する。
3. 半量ずつ別のボウルに分け、一方にほぐした明太子とパプリカパウダーを加えて混ぜる。
4. 口径10mmの星口金をつけた絞り袋に、2色のペーストを混ざらないように2層にして入れ、パイ生地の上に絞る。器に盛り、セルフィーユを飾る。

前日に仕込んでさっとテーブルへ
ズッキーニとかぼちゃのオイル漬け

材料（5〜6人分）

ズッキーニ…1本
かぼちゃ…1/6個
塩、こしょう…各適量
松の実（ロースト）…大さじ1
オイル（米油とオリーブオイルを同量ずつ混ぜる）…適量

作り方

1 ズッキーニは7mm幅の輪切りにする。かぼちゃは5mm厚さの一口大に切る。

2 フッ素樹脂加工のフライパンにズッキーニとかぼちゃを並べて弱火で焼く。火が通り、両面に焦げ目がついたら取り出してバットに並べ、塩、こしょうをして3分ほどおいて味をなじませる。

3 保存容器に移して松の実を加え、野菜にかぶるまでオイルを注ぐ。冷蔵庫で保存する。

\<Story\>

【オイル漬け】：ヨーロッパで古くから利用されてきた保存法のひとつ。オイルに漬けることで空気や水分に触れないため、傷みやすい食材も長期間、劣化しにくく、また、オイルの風味が食材にしみ込むことで味わいも増す。作り立てよりも1〜2日間おいた方が味がなじんでおいしくなる。

フランスのお惣菜の定番。アレンジも楽しい
キャロット・ラペ2種

<Story>

キャロット・ラペ【carottes râpées(仏)】：フランスではほとんどの惣菜店にある定番惣菜。エスニック風はクミンとチリを加えてアレンジした。クミンは、馬芹（うまぜり）と呼ばれるセリ科の植物の種子で、インド料理ではスタータースパイスのひとつ。油とともに鍋に入れて加熱し、香りを引き出す。焦げると風味が落ちるので注意を。

◎ スタンダード

材料（4人分）

にんじん 1本
A 塩、こしょう … 各少々
　　オリーブオイル … 大さじ1
　　白ワインビネガー … 小さじ1
　　レーズン … 10g
　　パセリ（みじん切り）… 適量
クルミ（ロースト）… 10g

作り方

1　にんじんはスライサーでせん切りにする。
2　ファスナー付き保存袋に**1**と**A**を入れ、袋の上からよくもむ。空気を抜くように口を閉じ、冷蔵庫に30分以上おく。
3　器に盛り、砕いたクルミをのせる。

◎ エスニック風

材料（4人分）

にんじん … 1本
しし唐辛子 … 1本
サラダ油 … 大さじ1
クミン … 小さじ1/3
A 塩、こしょう … 各少々
　　レモン果汁 … 小さじ1/2
　　チリパウダーまたは一味唐辛子 … 少々

作り方

1　にんじんはスライサーでせん切りにする。しし唐辛子は1〜2mm幅の輪切りにする。
2　小鍋にサラダ油とクミンを入れて弱火にかける。クミンのまわりに小さな泡が出てきたら火を止めて冷ます。
3　ファスナー付き保存袋に、**1**、**2**、**A**を入れて袋の上からよくもむ。空気を抜くように口を閉じ、冷蔵庫に30分以上おく。

― 春のサラダ ―
Salade de printemps

フレッシュな赤で待ち遠しい春の到来を演出
いちごドレッシングのサラダ

\<Story\>
サラダ【salad(英)、salade(仏)】：語源は塩を意味するラテン語のsal(サル)、または塩を加えるsalare(サラーレ)から。古代ギリシャ時代にはすでに生野菜を食す習慣があり、14〜15世紀には今日のような形式に。その後、さまざまなドレッシングが開発され、味わいのバリエーションも豊かになった。

材料（4人分）

好みの野菜（ラディッシュ、ゆでたカリフラワーやスナップエンドウなど）…各適量
いちご…適量

◆ いちごドレッシング
いちご…3粒
赤ワインビネガー…20mℓ
サラダ油…80mℓ
A レモン果汁…小さじ1
　塩、こしょう…各適量

作り方

1 いちごドレッシングを作る。いちごは裏ごしし、赤ワインビネガーと合わせる。サラダ油を加えて混ぜ、**A**で味を調える。
2 野菜といちごを食べやすく切って器に盛り、**1**を添える。

― 夏のサラダ ―
Salade d'été

グリーン同士の食材を合わせて爽やかに

きゅうりとぶどう、ディルのサラダ

材料（5〜6人分）

- きゅうり…2本
- ディルの葉…2枝分
- ぶどう（緑・種なし・皮ごと食べられるもの）…10粒
- プレーンヨーグルト…50g
- オリーブオイル…大さじ2
- 塩、こしょう…各適量

作り方

1. きゅうりは皮をむき、薄い輪切りにする。塩もみし、出てきた水分を絞る。ディルは飾り用に少しとっておき、残りはみじん切りにする。ぶどうは皮ごと半分に切る。
2. ボウルに**1**を入れ、ヨーグルトとオリーブオイルを加えて混ぜる。塩、こしょうで味を調えて器に盛り、ディルを飾る。

― 秋のサラダ ―
Salade d'automne

ミネラル豊富なもちきびが食感のアクセント
サラダ大根の雑穀ドレッシングかけ

材料（5〜6人分）

サラダ大根…1/3本
かぶ…2個
◆もちきびドレッシング
もちきび…大さじ2
Aサラダ油…大さじ2
　酢…大さじ1
　塩、こしょう…各適量

作り方

1　もちきびドレッシングを作る。鍋に適量の湯を沸かし、もちきびを入れて10分ほどゆでる。ザルに上げ、流水にさらしてぬめりを取り、水気をきる。

2　ボウルに**A**を入れてよく混ぜ合わせ、もちきびを入れてさっと混ぜる。5分ほどおいて味をなじませる。

3　サラダ大根とかぶを薄切りにし、器に盛る。**2**をかける。

― 冬のサラダ ―
Salade d'hiver

レモンとオリーブオイルでさっぱりと
長ねぎと鶏肉のサラダ

材料（4人分）

長ねぎ（白い部分）… 2本分
A 白ワイン … 大さじ1
　レモン果汁 … 大さじ1/2
　オリーブオイル … 小さじ2
　塩、粗びき黒こしょう … 各少々
ローリエ … 1枚
鶏むね肉 … 1/2枚
塩、こしょう … 各適量
レモン（半月切り）、粗びき黒こしょう
　… 各適量

作り方

1　長ねぎは白い部分を長いまま耐熱容器に入れ、**A**をふり、ローリエをのせる。ラップをふんわりとかけ、600Wの電子レンジで2分加熱し、そのまま冷ます。

2　鶏むね肉は塩、こしょうをする。鍋に湯を沸かして3分ほどゆで、火を止めてそのまま冷ます。

3　長ねぎは3cm長さに切り、鶏肉は薄切りにする。レモンとともに器に盛り、黒こしょうをふる。

－夏のスープ－
Soupe d'été

ガスパチョ風スープ

－春のスープ－
Soupe de printemps

そら豆のポタージュ

－秋のスープ－
Soupe d'automne

きのこのスープ

さっぱりとした酸味が食欲をそそる
ガスパチョ風スープ

材料（ミニグラス4個分）

野菜ジュース…250mℓ
バゲット…適量
プレーンヨーグルト…大さじ4
オリーブオイル…少々
好みで白ワインビネガー…適宜
粗びき黒こしょう…適量

作り方

1. 器に野菜ジュースを注ぎ、表面に薄く切ったバゲットをのせる。ヨーグルトを静かにのせる。
2. オリーブオイル、好みで白ワインビネガーを垂らし、黒こしょうをふる。

ほんのり甘くてクリーミー
そら豆のポタージュ

材料（ミニグラス5個分）

そら豆（正味）…150g
A 無調整豆乳…200mℓ
　 牛乳…100mℓ
塩、こしょう…各適量
好みで生クリーム…適宜
ミント…適量

作り方

1. そら豆はさやから取り出し、塩ゆでして薄皮をむく。
2. 1とAをミキサーに入れ、なめらかになるまで攪拌する。塩、こしょうで調味し、好みで生クリームを加える。
3. 器に注ぎ、ミントを飾る。

いろんなきのこで濃厚な旨味に
きのこのスープ

材料（5人分）

きのこ（マッシュルーム、舞たけ、しいたけなど）…300g
玉ねぎ（薄切り）…1/4個
セロリ（薄切り）…5cm
オリーブオイル…大さじ1
A 白ワイン…大さじ1
　 水…200mℓ
　 ローリエ…1枚
牛乳…200mℓ
塩、こしょう…適量
生クリーム…適量

作り方

1. 鍋にオリーブオイルを熱し、玉ねぎとセロリを弱火で炒める。甘い香りがしてきたら、ほぐしたきのこを加えてさらに炒め、Aを加えて10分ほど煮る。
2. ローリエを除いてミキサーで攪拌し、牛乳を加えてさらに混ぜる。
3. 鍋に移して温め、塩、こしょうで味を調える。器に盛り、生クリームを垂らす。

\<Story\>

スープ【soupe(仏)】：フランス料理では、さまざまな具材を溶かし込んだ「ポタージュ」と、素材のエキスから作る澄んだ琥珀色の「コンソメ」の2種が代表的。他にも、スペインのガスパチョやロシアのボルシチ、日本の味噌汁など世界中に多種多様なスープがある。

ムース3種

真っ黒に焼いて野菜の甘味を引き出して
赤パプリカのムース

材料（4人分）

赤パプリカ（正味）… 150g（1〜1個半）
牛乳 … 60ml
A 粉ゼラチン … 5g
　チキンコンソメスープ（顆粒を表示通りに溶いたもの）
　　… 30ml
砂糖 … 5g
塩、こしょう … 各適量
生クリーム … 100ml
パプリカパウダー … 適量

下準備

- パプリカは皮が黒くなるまで焼き網であぶり、氷水にとって皮をむく。ヘタと種を取って150g用意する。
- **A**は混ぜ合わせ、ふやかす。

作り方

1 あぶって皮をむいたパプリカはざく切りにし、牛乳とともにミキサーに入れ、なめらかになるまで撹拌する。

2 **1**を鍋に移して沸騰直前まで加熱し、ふやかした**A**、砂糖を加え、塩、こしょうでやや濃いめに調味する。底を氷水に当て、とろみがつくまで混ぜながら冷やす。

3 別のボウルで生クリームを八分立てにし、**2**に加えて混ぜ合わせる。器に入れ、冷蔵庫で冷やし固める。パプリカパウダーをふる。

旬ならぜひ生のグリーンピースで
グリーンピースのムース

材料（6人分）

グリーンピース（正味）… 180g
牛乳 … 30ml
A 粉ゼラチン … 9g
　チキンコンソメスープ（顆粒を表示通りに溶いたもの）
　　… 45ml
塩、こしょう … 各適量
生クリーム … 150ml
好みでサワークリーム … 適宜

下準備

- **A**は耐熱容器に入れて混ぜ、ふやかす。

作り方

1 グリーンピースはさやから取り出し、塩ゆでして水気をきる。フードプロセッサーで撹拌してペースト状にし、牛乳を加えてさらに混ぜる。ボウルに移す。

2 ふやかした**A**を電子レンジで溶かし、**1**に加えて混ぜる。塩、こしょうでやや濃いめに調味する。

3 別のボウルで生クリームを八分立てにし、**2**に加える。

4 器に入れ、冷蔵庫で冷やし固める。好みでサワークリームをのせる。

コンソメジュレが味と見た目のポイント
にんじんのムース

材料 （6人分）

金時にんじん…1〜2本
A 粉ゼラチン…8g
　チキンコンソメスープ（顆粒を表示通りに溶いたもの）
　　…40mℓ
塩、こしょう…各適量
生クリーム…150mℓ
◆ コンソメジュレ
粉ゼラチン…4g
白ワイン…20mℓ
チキンコンソメスープ（顆粒を表示通りに溶いたもの）
　…100mℓ

下準備

・にんじんは皮をむいて一口大に切り、耐熱容器に入れてふんわりとラップをし、600Wの電子レンジで3〜5分加熱して火を通す。裏ごしてペースト状にし、150g用意する。
・Aは耐熱容器に入れて混ぜ、ふやかす。

作り方

1 ふやかしたAを電子レンジで溶かす。ペースト状にしたにんじんとAをボウルに入れ、混ぜ合わせる。塩、こしょうでやや濃いめに調味する。

2 別のボウルで生クリームを八分立てにし、1に加える。

3 器に入れ、冷蔵庫で冷やし固める。

4 コンソメジュレを作る。粉ゼラチンを白ワインでふやかし、温めたチキンコンソメスープを加えて混ぜ溶かす。保存容器に入れて冷蔵庫で冷やし固める。フォークなどで崩し、3にのせる。

<Story>

ムース【mousse(仏)】：ムースはフランス語で「苔」と「泡」の2つの意味があり、料理では素材に気泡を加えて軽く仕立てた、やわらかく軽い食感のものを指す。野菜は旬のものを使うと甘味の強いムースに仕上がる。パプリカは夏、グリーンピースは春〜初夏、金時にんじんは秋〜冬が旬。

豆腐マヨネーズ

あるとうれしい野菜の相棒

卵を使わないヘルシーマヨネーズ
豆腐マヨネーズ

材料（4〜6人分）

木綿豆腐 … 1丁
A オリーブオイルスプレッド＊（市販）… 35g
　フレンチマスタード … 20g
　レモン果汁 … 小さじ2
　塩 … 小さじ1/2
　こしょう … 適宜
好みの野菜 … 適量

＊オリーブオイルをペースト状に固めたもの。

作り方

1. 木綿豆腐は水切りする。豆腐をキッチンペーパーで包み、600Wの電子レンジで2分加熱し、冷ます。
2. 1をフードプロセッサーでなめらかになるまで攪拌し、Aを加えてさらに混ぜる。
3. 器に盛り、野菜を添える。

あるとうれしい野菜の相棒
ディップ2種

材料（4〜6人分）

◎ ヨーグルトとハーブのディップ

プレーンヨーグルト … 150g
エルブ・ド・プロヴァンス＊ … 小さじ1/2
塩 … 1g

＊タイムやローズマリー、セージなどを混ぜ合わせたドライハーブミックス。

◎ 赤パプリカとクリームチーズのディップ

クリームチーズ … 100g
パプリカパウダー … 小さじ1
レモン果汁 … 小さじ1/2

作り方

1. ともに、すべての材料をよく混ぜ合わせる。
2. ヨーグルトとハーブの方は、小さなボウルなどに茶漉しを重ね、ガーゼを2重に敷いて1を入れ、冷蔵庫に一晩おいて水気をきる。

＜Story＞

ディップ【dip（英）】：野菜や揚げ物などにつける、クリーム状または液状のソース。材料は特に決まりはないが、野菜をペースト状にしたり、生クリームやサワークリーム、クリームチーズを使うものが多い。数種類のディップを用意すると味の変化が楽しめる。

{ ちょっとつまんで }

<Story>
クレープ【crêpe(仏)】：フランス北西部、ブルターニュ地方発祥のそば粉のガレット<p.32>がルーツ。16世紀頃、2月2日の聖燭際(聖母マリアお清めの日)に焼かれた贅沢な菓子が始まりとされる。今日では添える具によってオードブルからデザートに至るまで幅広く食されている。

巻いたり巾着型に絞ったり好みの形で

クレープのオードブル2種

材料

◆ クレープ生地（直径20cm6枚分）
卵 … 1個（50g）
グラニュー糖 … 15g
薄力粉 … 35g
塩 … ひとつまみ
溶かしバター … 5g
牛乳 … 130g
サラダ油 … 適量
◆ フィリング
A クロテッドクリーム … 90g
　生ハム … 6枚
B クリームチーズ … 70g
　スモークサーモン … 1/2パック

作り方

1 クレープ生地を作る。ボウルに卵とグラニュー糖を入れて混ぜ、ふるった薄力粉、塩、溶かしバターを順に加えてしっかり混ぜ合わせる。牛乳を加えて混ぜ、漉す。

2 フライパンを熱してサラダ油を薄く塗り、1をお玉に1杯弱ずつ流して薄くのばし、両面を焼く。

3 フィリングを巻く。Aは生地3枚にクロテッドクリームを薄く塗り、生ハムを2枚ずつのせ、その上にも薄くクロテッドクリームを塗って巻く。Bも同様に巻き、ともに冷凍庫で冷やす。固まったら1.5cm幅の輪切りにする。

[巾着型に仕上げる場合]

1) 生地より一回り小さいセルクルで写真のように抜き、クリームを塗る。三日月型のほうに細かく切った生ハム（またはスモークサーモン）をのせる。

2) 三日月型の生地をくるくる巻く。

3) 2を立て、円形の生地の真ん中にのせ、ひだを寄せて接着する。冷蔵庫で冷やし固める。

珍しい北欧のおつまみでテーブルの話題に
カレリアンピーラッカ

材料 （10個分）

◆ ライ麦生地
A ライ麦粉（細挽き）… 80g
　水 … 45g
　バター（常温）… 7g
　塩 … 1.5g

◆ ミルク粥
水 … 大さじ2
ご飯 … 100g
牛乳 … 100mℓ
塩 … 1g

仕上げ用：溶かしバター
　… 適量

◆ エッグバター
ゆで卵（固ゆで）… 1個
バター（常温）… 50g
塩、こしょう … 各適量

作り方

1. ライ麦生地を作る。**A**をボウルに入れて混ぜ、耳たぶ程度の固さになるまでこねる。表面がなめらかになったらラップで包み、冷蔵庫で一晩休ませる。

2. ミルク粥を作る。鍋に水とご飯を入れてほぐす。牛乳を加えて弱火にかけ、時々混ぜながらとろっとするまで煮る。塩を加えて冷ます。

3. 成形する。ライ麦生地を麺棒で1mm厚さにのばし、直径10cmの円形の型で抜く。中央にミルク粥を15〜20gずつのせ、周囲の生地でひだを作る。

4. 200℃に予熱したオーブンで10分ほど焼き、すぐに溶かしバターを塗る。

5. エッグバターを作る。ゆで卵はフォークで細かくつぶし、バターを加えて混ぜ、塩、こしょうで味を調える。4に添える。

[ひだの作り方]

本場フィンランドにはライ麦生地をのばすための専用の麺棒がある。両端が細くなっているのが特徴。

生地の左右の端を持ち、少しずつつまみながらひだを作る。

<Story>

カレリアンピーラッカ【karjalanpiirakka(芬)】：カレリア地方のパイという意味で、フィンランドの定番スナックのひとつ。スーパーやカフェでも山積みで売られている。牛乳で煮た米が入っており、あっさりとした味わい。エッグバターをのせて食べる。

<Story>
シュー【choux(仏)】：フランス語でキャベツを意味する名は、見た目が似ていることから。そもそもは熱した脂の中にルー状の種を落としたベニェスフレ（揚げシュー）が原型とされる。17世紀にオーブンで焼く方法になり、1760年にジャン・アヴィスという製菓人によって今日の形に整えられた。

フレーバーアレンジも楽しい塩味のシュー

プティシュー2種

材料（約20個分）

シュー生地種
<p138 作り方1～3参照>…1単位分
A 生クリーム…30g
　おろしわさび…小さじ1/2～1
　塩…少々
生ハム…適量

作り方

1 シュー生地種は口径6mmの丸口金をつけた絞り袋に入れる。天板にオーブンペーパーを敷き、半量は直径2.5cmのドーム状に絞り、残りは3cm長さに細長く絞る。180℃に予熱したオーブンで15分ほど焼き、冷ます。

2 ドーム状のシューには、Aを合わせて泡立てたものを中に絞り入れる。細長いシューには生ハムを巻く。

2色のケイク・サレ

しっとりとした
ケイク・サレ

オレンジと白の生地で切り口華やか
2色のケイク・サレ

材料（高さ4×幅7×長さ18cmのパウンド型＜小＞1本分）

A 卵 … 1個
　牛乳 … 40mℓ
　植物油 … 15g
B 薄力粉 … 50g
　ベーキングパウダー … 小さじ1
塩、こしょう … 各適宜
ベーコン … 35g
チーズ（グリュイエール・ゴーダなど）… 35g
オリーブ（黒・スライス）… 25g
トマトペースト … 10g
バジルの葉 … 適量
トッピング用：ミニトマト、ローズマリーの葉、
　バジルの葉 … 各適量

下準備

- **B**は合わせてふるう。
- ベーコンは粗みじん切り、チーズは8mmの角切りにする。
- オーブンは170℃に予熱する。

作り方

1. ボウルに**A**を入れ、泡立て器で乳化するまでよく混ぜ合わせる。
2. **B**を加えてゴムベラで混ぜ合わせ、塩、こしょうを加える。切ったベーコン、チーズ、オリーブを混ぜる。
3. 生地を半量取り分け、トマトペーストを混ぜて型に流す。表面にバジルの葉を敷き詰め、その上に残りの白い生地を流す。
4. 半分に切ったミニトマト、ローズマリーの葉、バジルの葉を散らし、170℃のオーブンで25分ほど焼く。

牛乳に浸した生パン粉をたっぷり加えて
しっとりとしたケイク・サレ

材料（容量25mℓのシリコン製ハート型約20個分）

A 薄力粉 … 80g
　ベーキングパウダー … 小さじ1
牛乳 … 100mℓ
生パン粉 … 50g
卵 … 2個
砂糖 … 5g
塩、こしょう … 各少々
溶かしバター … 80g
さやいんげん … 6本
ドライトマト … 3個
ベーコン … 3枚
クリームチーズ … 45g

下準備

- **A**は合わせてふるう。
- さやいんげんは固めにゆでて8mm幅に切る。ドライトマトは湯戻しして5mm角に切る。ベーコンは8mm幅に、クリームチーズは1cm角に切る。
- オーブンは180℃に予熱する。

作り方

1. ボウルに牛乳とパン粉を入れて、パン粉がしっとりするまでおく。
2. 別のボウルに卵を溶きほぐし、砂糖、塩、こしょう、**1**を加えて混ぜる。溶かしバター、切った具材、**A**を加えて混ぜ合わせる。
3. 型に入れ、180℃のオーブンで約20分焼く。

＜Story＞

ケイク・サレ【cake salé(仏)】：パウンドケーキ型で作る塩味の菓子。主にフランスの家庭で作られ、チーズや野菜を入れるのが定番。具で多彩なバリエーションが楽しめる。イギリス生まれのパウンドケーキはフランスでは単にケイクと呼ばれており、サレは"塩味の"の意味。

中に入れたプルーンが味のポイント
鶏レバームース

材料
（直径4cm×高さ1.5cmのシリコン製ポンポネット型15個分）

白ワイン（辛口）… 50g
鶏レバー … 40g
A バター … 15g
　生クリーム … 大さじ1
　塩 … 0.5g
　こしょう … 少々
ブランデー … 小さじ1
ドライプルーン（種抜き）… 5個
サンドイッチ用食パン … 3枚
セルフィーユ … 適宜

<Story>
ムース【mousse(仏)】：p23参照。レバーをムース状にするには、バターに空気を含ませて混ぜたり、軽く泡立てた生クリームを合わせる。バターを使うと若干日持ちするが、昨今では軽い食感が好まれるため、生クリームを合わせることが多い。

作り方
1　鍋に白ワインを沸騰させ、鶏レバーを入れる。再び沸騰してから3分ほどゆで、ザルに上げる。

2　1が熱いうちにミキサーで攪拌し、Aを加えてさらに混ぜる。ブランデーを加え、漉す。

3　絞り袋に入れ、空気を抜くようにしてムースを型の半分ほどまで入れ、3等分に切ったプルーンを入れる。さらにムースを型のふちまで絞り、余分なムースをパレットナイフですり切る。冷凍庫で冷やし固める。

4　食パンは4.5cm角の正方形に切り、トーストする。型から出したムースをのせて解凍し、セルフィーユを飾る。

ミニサイズでも満足感は大

チーズとグレープフルーツのヴェリーヌ

材料（ミニグラス8個分）

クリームチーズ…60g
レモン果汁…小さじ1/2
生クリーム…100g
塩、こしょう…各少々
グレープフルーツ（白・赤）
　…各1/4個
ハチミツ…少々

作り方

1 クリームチーズにレモン果汁を加えて混ぜる。

2 八分立てにした生クリームを加え、塩、こしょうで味を調え、器に盛る。冷蔵庫で冷やす。

3 グレープフルーツは薄皮から実を取り出し、小さめに切る。ボウルに入れ、ハチミツをかけてなじませる。2の上にのせる。

<Story>

ヴェリーヌ【verrine(仏)】：もともとは脚のついていないガラスの器を表す語で、グラス仕立ての料理やデザートを指す。側面からムースやクリーム、フルーツなどが層状に美しく見えることから、食欲をそそり、演出効果も大きいとして近年大いに利用されるようになった。

かに&アボカド

のりの佃煮&チーズ

ブルターニュの名物をおつまみに
そば粉のガレット2種

材料（作りやすい分量）

◆ガレット生地
A そば粉 … 100g
　砂糖 … 20g
　塩 … 少々
卵 … 1個
水 … 250ml
溶かしバター … 15g
サラダ油 … 適量
◎のりの佃煮&チーズ（4枚分）
のりの佃煮 … 80g
プロセスチーズ（スライス） … 適量
◎かに&アボカド（4枚分）
マヨネーズ … 適量
かに（缶詰・ほぐし身） … 60g
アボカド … 1個
塩、こしょう … 各少々

作り方

1 ガレット生地を焼く。ボウルにAをふるい入れ、溶き卵を少しずつ加えて泡立て器で混ぜる。水も同様に混ぜ、漉す。溶かしバターを加えて混ぜ合わせる。

2 フライパンに薄くサラダ油を熱し、1をお玉1杯弱ずつ流し入れ、手早くフライパンを回して生地を全体に広げる。あまり焼きすぎないように両面を焼く。

3 【のりの佃煮&チーズ】ガレット生地にのりの佃煮を薄く塗り、プロセスチーズをのせて生地を巻き、一口大に切る。

【かに&アボカド】
ガレット生地にマヨネーズを薄く塗り、かに、スライスしたアボカド2～3枚をのせ、塩、こしょうをふって巻く。一口大に切る。

<Story>

そば粉のガレット
【galettes au sarrasin ガレット・オ・サラザン(仏)】：フランスのブルターニュ地方の名物として広く知られる、そば粉の生地のクレープ。ガレットは「丸く平たく焼いたもの」という意味。さまざまな具を合わせて軽食として食べる。同地の名物であるりんごの発泡酒、シードルとともに楽しまれることが多い。

カレー味　　　みそ味

塩味のマカロンが市販のミックス粉で簡単に
おつまみマカロン2種

材料
（直径4cmのマカロン約15組分）

◆ マカロン生地
マカロン用ミックス粉（市販）…50g
水…適量（パッケージの表示に従う）
好みで食用色素、水…各少々
A アーモンドパウダー…50g
　粉砂糖…50g
◎ **カレー味**（5組分）
B ローマジパン…15g
　バター（常温）…15g
　カレー粉…1g
　塩…少々
福神漬け…適量
◎ **みそ味**（5組分）
C ローマジパン…15g
　バター（常温）…15g
ピーナッツみそ…15g

下準備
・オーブンは140℃に予熱しておく。

作り方
1　マカロン生地を作る。マカロン用ミックス粉に水を加え混ぜ、ハンドミキサーで泡立てる。好みで、水で溶いた食用色素を加える。

2　**A**を合わせて**1**にふるい入れ、ゴムベラで混ぜ合わせる。

3　口径8mmの丸口金をつけた絞り袋に入れ、オーブンペーパーを敷いた天板に直径3.5cmに丸く絞る。

4　140℃のオーブンで約12分焼き、冷ます。

【カレー味】
Bを混ぜ合わせてマカロン生地に絞り、刻んだ福神漬けをのせ、もう1枚ではさむ。

【みそ味】
Cを混ぜ合わせてマカロン生地に絞り、ピーナッツみそをのせ、もう1枚ではさむ。

<Story>
マカロン【macaron(仏)】：発祥はイタリアで、ハチミツ、アーモンド、卵白で作られていたものが原型といわれる。フランスへはメディチ家のカトリーヌ姫がアンリ2世に嫁ぐ際にもたらされ、その後、フランス各地でいろいろなマカロンが作られるようになった。

<Story>
ミルフイユ【mille-feuille（仏）】：ミルは「千」、フイユは「葉」の意味で、落ち葉のように何層にも重なったパイの様子に由来。フイユタージュ（通称パイ生地）とカスタードクリームを重ねた菓子の名称で、18世紀のフランスの製菓人ルージェが得意とし、当時パリで大流行した。現在では段重ねにした料理にもこの名称が用いられる。

パイ生地とポテトサラダの食感の違いが楽しい

ポテトサラダのミルフイユ仕立て

材料（約10個分）

練りパイ生地 <p139参照> … 1単位分
じゃがいも … 2個
にんじん … 40g
きゅうり … 1/2本
玉ねぎ … 1/4個
ハム … 1枚
A マヨネーズ … 大さじ3
　塩、こしょう … 各適量
パセリ（みじん切り）… 小さじ1

作り方

1. 練りパイ生地は麺棒で2mm厚さにのばして天板にのせる。フォークでピケし、生地の上にもう1枚天板をのせ、180℃に予熱したオーブンで10分焼く。
2. 上の天板を取り、170℃でさらに5分焼く。冷めたら3cmの正方形に切る。
3. ポテトサラダを作る。じゃがいもはゆでて皮をむき、マッシュする。にんじんはいちょう切りにしてゆでる。きゅうり、玉ねぎは薄切りにして塩もみし、水気を絞る。ハムはみじん切りにする。
4. 3を合わせてAで調味し、パセリを加える。
5. パイを3枚一組にして、間にポテトサラダをはさむ。

やさしい酸味が白ワインにぴったり
うずらの卵のピクルス

<Story>

ピクルス【pickles(英、米)】：欧米の酢漬けの総称。代表的な小さなきゅうりの酢漬けは、フランスではコルニションと呼ばれる。ヨーロッパでは乳酸発酵させた酸味が強いものが多く、アメリカでは調味液に漬け込んだ甘口のものが多い。ペコロスやミニトマト、ゆで卵など、アレンジも幅広く楽しめる。

材料（作りやすい分量）

うずらの卵 … 15個
A 白ワインビネガー … 50mℓ
　水 … 50mℓ
　黒こしょう(ホール) … 5粒
　塩 … 小さじ1/3
　砂糖 … 小さじ1と1/2
　赤唐辛子 … 1/2本
　ローリエ … 1/2枚

作り方

1　うずらの卵はゆで、皮をむく。

2　ステンレスかホーローの鍋にAを入れて火にかけ、沸騰直前に火から下ろす。

3　ジッパー付き保存袋にうずらの卵、2を入れ、なるべく空気が入らないように袋を閉じる。冷蔵庫で1日以上漬ける。

※ピクルス液に使う酢はワインビネガーだけでなく、リンゴ酢や米酢などに代えれば風味が変わり楽しみも増えます。作り置きができるのも嬉しいところ。甘さや酸味はお好みで調整してください。

ベーシック・カクテル6種

アペリティフに欠かせない基本のカクテルを紹介。
お手製カクテルは酒の銘柄や割合で、好みに調整できるのがいいところ。
ゲストに喜ばれる味を見つけて下さい。

Moscow Mule — **American Lemonade** — **Kir**

ライムとジンジャーエールで割って
モスコ・ミュール

材料（1人分）

A ウォッカ … 45㎖
　ライム果汁（フレッシュ）… 15㎖
　ジンジャーエール … 適量
ライム（くし形切り）… 1/4個

作り方

1. 氷を入れたグラスに**A**を入れて混ぜる。
2. ライムを入れる。

赤ワインとレモネードで2層に
アメリカン・レモネード

材料（1人分）

A レモン果汁（フレッシュ）… 40㎖
　ガムシロップ（市販）… 15㎖
　ミネラルウォーター … 適量
赤ワイン … 30㎖

作り方

1. グラスに**A**を入れて混ぜ、レモネードを作る。氷を入れる。
2. 2層になるように、**1**の上に静かに赤ワインを注ぎ入れる。

ブルゴーニュ生まれのカクテル
キール

材料（1人分）

白ワイン（できればブルゴーニュ産の辛口）
　… 120㎖
クレーム・ド・カシス <p76参照>
　… 30㎖

作り方

グラスにすべての材料を入れ、混ぜる。

Drink

Mimosa **Gin & Tonic** **Shandy Guff**

シャンパンベースで華やか
ミ モ ザ

材料(1人分)

シャンパン … 50mℓ
オレンジ果汁（フレッシュ）… 50mℓ

作り方

グラスにすべての材料を入れ、軽く混ぜる。

食事に合うさっぱりした飲み口
ジン・トニック

材料(1人分)

A ドライジン … 30mℓ
　トニック・ウォーター … 120mℓ
レモン（薄切り）… 1〜2枚

作り方

1　氷を入れたグラスにAを入れて混ぜる。
2　レモンを入れる。

お酒が弱い人にもおすすめ
シャンディ・ガフ

材料(1人分)

ビール … 80mℓ
ジンジャーエール … 80mℓ

作り方

1　グラスにビールを2回に分けて注ぎ、泡をきれいに立てる。
2　ビールの泡がつぶれないように、ジンジャーエールを静かに注ぎ入れる。

アペリティフが素敵に盛り上がる
スタイリングのヒント I

テーブルを彩る器使いのヒントです。手持ちの食器や身近な食材などをアレンジして、いつもと違う雰囲気が演出できます。ぜひ試してみて下さい。

― idée ―
1
シンプルなおちょこに
1人ぶんずつ盛って

日本酒のおちょこに1人分ずつアミューズを盛ってテーブルへ。高台がついた器は、コーディネートのアクセントになります。シンプルなデザインのおちょこなら、料理のジャンルを問わず使えて便利です。

― idée ―
2
レモンの皮を
器代わりに

レモンを縦半分に切り、果肉を内皮ごときれいに取り除いて、外皮を器代わりに。皮のきれいな黄色が引き立つよう、シンプルな色合いの料理を盛るのがおすすめです。受け皿にハーブなどを散らすとよりおしゃれ。

肉・魚のおつまみ

Chapitre 2.
Viandes et Poissons

塩漬け1週間＆低温調理で絶品に

自家製ゆでハム

材料（作りやすい分量）

豚ロースかたまり肉 … 500g
A 塩 … 9g
　砂糖 … 7g
　粗びき黒こしょう … 1g
B パセリ(みじん切り) … 1枝
　ローリエ(ちぎる) … 1枚
　ローズマリー … 1枝
　タイム … 1枝
　クローブ … 2〜3個
自家製ハニーマスタード<下記参照>
　… 適量

[自家製ハニーマスタード]

分量と作り方

保存容器にマスタードシード90gと、白ワインビネガー約180mlを入れて浸し、一晩おく。ブレンダーかミルサーで好みの細かさに砕き、塩小さじ1、ハチミツ小さじ2強で味を調える。好みでドライハーブやフルーツピュレを足しても。

作り方

1　豚肉はフォークで数か所穴をあけ**A**をよくもみ込み、**B**を散らす。クッキングペーパーかガーゼで包み、保存袋に入れて冷蔵庫で1週間寝かせる。

2　水に30分浸けて塩抜きをする。水気を拭き、空気と水が入らないように2重にラップする。

3　厚手の鍋に水を入れて火にかけ、沸騰直前になったら**2**を入れる。再び沸騰直前まで温めてフタをし、火を止めて2時間おく。

4　再び火にかけ、沸騰直前になったらフタをし、火を止めて1時間おく。

5　ラップごと取り出して冷ます。食べやすく切って自家製ハニーマスタードを添える。

{ 肉のおつまみ }

<Story>
ハム【ham(英)】：本格的なハムは塩漬けしてから乾燥・燻製・熟成して作るが、家庭ではなかなか難しい。その代わりに手軽な塩漬け＆低温調理でしっとりと、1週間塩漬けして熟成させてから、沸騰直前の80℃ほどの湯でゆっくり肉を低温加熱すると、肉汁の流出が防げ、しっとりしたおいしいハムが出来上がる。

甘×しょっぱコンビで酒が進む味わい
ベーコンと甘栗のソテー

材料（5〜6人分）
ベーコン（ブロック）…100g
サラダ油…少々
ドライプルーン（種抜き）…5〜6粒
天津甘栗（皮をむいたもの）…5〜6粒

作り方
1. ベーコンは2cmの角切りにし、薄くサラダ油を塗ったフライパンで軽く焼き色をつける。
2. プルーン、甘栗は4等分に切る。
3. ベーコンの上に、プルーン、甘栗をのせ、ピックで刺す。

<Story>
天津甘栗【てんしんあまぐり】：甘味が強く皮がむきやすい小粒の中国栗を、ときどき水あめをかけながら石焼き釜で焼いたもの。ヨーロッパでも冬場に街角で焼き栗を売っているが、使われているのはヨーロッパ栗（欧州栗）で品種が異なり、水あめもかけない。

すぐ作れて小腹も満たせる
ミートパイ

材料（6個分）
練りパイ生地<p139参照>…1単位分
A 合いびき肉…50g
　ミートソース（市販）…1人分
溶き卵…適量

作り方
1. パイ生地は麺棒で5mm厚さにのばし、10cm四方の正方形に切る。Aは混ぜ合わせる。
2. 生地にAをのせ、ふちに水を塗って二つに折り、フォークでしっかり押さえる。
3. 表面に溶き卵を塗り、190℃に予熱したオーブンで約10分焼く。180℃にしてさらに15分焼く。

\<Story\>
ミートパイ【meat pie（英,豪,米ほか）】：牛、豚、鶏などのひき肉を味付けしてフイユタージュ（通称パイ生地）で包んで焼き上げたもの。イギリスの伝統料理とされることが多いが、アメリカやオーストラリアを始め各国にミートパイは存在し、その起源は定かではない。

便利な中華調味料でさっと完成

豚バラ肉の甘みそ蒸し

材料 （4人分）

豚バラ薄切り肉 … 300g
A 海鮮醤＊ … 大さじ2
　酒 … 小さじ2
　しょうゆ … 小さじ2
　片栗粉 … 小さじ2
里いも … 6個
れんこん … 5cm
にんじん … 1/2本
塩 … 適量
ぎんなん（ゆでる）… 16個
長ねぎ … 5cm
あればコリアンダー … 適宜

＊大豆みそにごまやにんにく、香辛料を混ぜた広東風の甘みそ。

作り方

1. 豚肉は食べやすい長さに切り、**A**とともにボウルに入れて混ぜ、30分ほどおく。

2. 根菜類は皮をむき、里いもは半分に、れんこん、にんじんは一口大に切る。里いもとれんこんは水にさらして水気を拭く。すべてを合わせ、全体に塩をふる。

3. 耐熱皿に**2**とぎんなんをのせ、豚肉を漬けだれごとのせる。蒸気が立った蒸し器に入れ、フタをして強火で25分蒸す。

4. 皿ごと取り出し、せん切りにした長ねぎをのせ、コリアンダーを飾る。

野菜と肉に下味をつけておけば、ゲストが来る前に蒸し始めるだけ。熱々をそのままテーブルに出せるのも蒸し料理の魅力です。1人分ずつ小皿に盛って蒸しても。

<Story>

【蒸し料理】：肉や魚には煮る、焼く、揚げるなどさまざまな調理法があるが、水蒸気によって「蒸す」加熱は、極度の高温になることがなく、煮汁などに旨みが流れ出ないため、食材本来の旨味や風味がそのまま生きる。よって、食材の新鮮さが重要なポイントになる。

鶏肉ときのこのソースを詰めた一口パイ
ブシェ・ア・ラ・レーヌ

材料（6個分）

練りパイ生地 <p139参照>
　…1単位分
卵黄…1個分
バター…10g
玉ねぎ（みじん切り）…1/4個
マッシュルーム（薄切り）…4個
鶏肉（ももまたはむね・1cm角に切る）
　…100g
ブランデー…小さじ2
塩、こしょう…各適量
ホワイトソース（市販）…150g
パセリ（みじん切り）…適量

作り方

1 パイ生地の3/4量は、5mm厚さにのばして直径5cmの菊型で抜き、中央を直径3cmの円形の型で抜く（生地a）。残りの1/4量は、2mm厚さにのばしてピケをし、直径5cmの菊型で抜く（生地b）。

2 生地bのまわりに水を塗って生地aを重ね、ふちに刷毛で卵黄を塗る。中に重石を入れ、180℃に予熱したオーブンで約15分、空焼きする。

3 フライパンにバターを温め、玉ねぎをしんなりするまで炒める。マッシュルーム、鶏肉を加えて炒め、ブランデーをふる。塩、こしょうをしてホワイトソースを加える。

4 2に3を詰めて器に盛り、パセリをふる。

<Story>

ブシェ・ア・ラ・レーヌ
【bouchée à la Reine (仏)】：「女王様風のブシェ」の意味。ブシェとは、一口サイズの召し上がり物のこと。フイユタージュ（通称パイ生地）の器に詰め物をした料理またはデザート。フランス王ルイ15世妃、マリー・レシチンスキー付きの料理人が考案したもので、彼女のお気に入りのひとつだったという。

定番おかずにフルーツを加えておしゃれな味に

豚の角煮
フルーツソース

材料（5〜6人分）

豚の角煮（市販）… 1パック（180g）
オレンジ … 1個
A 豚の角煮の煮汁 … 50mℓ
　レモン果汁 … 小さじ1
　ブランデー … 小さじ2

作り方

1. 豚の角煮は一口大に切る。オレンジは外皮をむき、実は1cmの角切りにし、外皮は白いワタの部分をそぎ落とし、3mm幅×10cm長さの棒状に切って結ぶ。
2. 鍋に**A**を入れて火にかけ、沸騰したら豚の角煮を入れる。再び沸騰したらオレンジの実を入れて火を止める。
3. 器に盛り、結んだ外皮を飾る。

<Story>

【豚肉×フルーツ】：豚肉とフルーツの組み合わせは相性が良く、酢豚とパイナップル、ローストポークとベリー系のソースなど、中国料理や西洋料理でも見られる。旨味の強い豚肉と、さわやかな味わいのオレンジは定番の組み合わせである。

{ 魚介のおつまみ }

ゆで卵とピクルスを合わせて
甘えびのタルタル

材料（6人分）

甘えび（頭と尾を除く）… 約200g
A きゅうりのピクルス（みじん切り）… 大さじ1
　ゆで卵（固ゆで・みじん切り）… 1/2個
　セロリ（みじん切り）… 小さじ1
　パセリ（みじん切り）… 少々
B オリーブオイル … 大さじ2
　レモン果汁 … 小さじ1
　塩、こしょう … 各適量
レモン（いちょう切り）… 適量

作り方

1　甘えびは包丁でたたく。ボウルにAとともに入れ、Bであえる。
2　器に盛り、レモンを飾る。

果汁の酸味でさっぱりといただける
まぐろのタルタル

材料（6人分）

まぐろの中落ち … 1パック（約200g）
A 玉ねぎ（みじん切り）… 1/8個
　パセリ（みじん切り）… 小さじ2
B パッションフルーツピュレ
　（なければレモン果汁）
　　… 大さじ2/3〜1
　オリーブオイル … 大さじ1
　塩、こしょう … 各適量

作り方

1　まぐろの中落ちは包丁でたたく。
2　ボウルに1、Aを入れ、Bであえる。

<Story>

タルタル【tartar（仏）】：ゆで卵、玉ねぎ、パセリ、ピクルス等を刻んでマヨネーズと混ぜたソースのこと。エビフライや白身魚などに添えられることが多い。生の牛肉や馬肉を刻んで、薬味と卵黄をのせたタルタルステーキという料理もある。ここでは食材を生のまま刻み、調味料とあえた料理として捉え、まぐろ、甘えびを使った。

<Story>
【オイル漬け】:p14参照。ツナ缶やオイルサーディンを始め魚介類のオイル漬けもポピュラー。本レシピのように加熱してオイル漬けにするほか、生の状態に塩をふって水気を拭き、ハーブ類とともにオイル漬けにしてから焼くとふっくらと仕上がる。チーズや豆腐もオイル漬けにして同様の楽しみ方ができる。

しょうゆをからめて下味をつけて
牡蠣のオイル漬け

材料 （4人分）
牡蠣 … 1パック（約15個）
A オリーブオイル … 大さじ1
　赤唐辛子 … 1本
　にんにく（薄切り）… 1片
白ワイン … 大さじ1
しょうゆ … 小さじ2
B ドライトマト
　（湯戻しして一口大に切る）
　　… 3個分
　ローリエ … 1枚
　セロリシード … 小さじ1/2
オイル
　（オリーブオイルとサラダ油を
　　同量ずつ混ぜる）… 適量

作り方
1. 牡蠣は流水で洗い、水気を拭く。
2. フライパンにAを入れて弱火にかける。にんにくが色づいてきたら赤唐辛子とともに取り出し、牡蠣を入れて強火でさっと炒める。白ワインを加え、汁気がほとんどなくなるまで炒める。
3. しょうゆをからめ、牡蠣を取り出す。煮汁が残っているようなら弱火で煮詰める。
4. 保存容器に牡蠣、B、あれば煮汁を入れ、オイルを牡蠣がかぶるくらいまで加えてフタをし、一晩以上おく。

食べる前に軽くあぶってもおいしい
いわしのオイル漬け
＜オイルサーディン＞

材料 （4人分）
いわし（刺身用）… 8尾
8％の食塩水 … 1ℓくらい
サラダ油 … 適量
A レモン（薄い輪切り）… 2枚
　タイム … 1枝
　ローリエ … 1枚
　赤唐辛子 … 1本
　黒こしょう（ホール）… 5粒

作り方
1. いわしは頭を落として3枚におろす。バットに並べ、食塩水をひたひたに加えてラップをし、2時間ほど冷蔵庫におく。
2. 水気をしっかり拭いて鍋に入れる。かぶるくらいまでサラダ油を注ぎ入れ、Aを加える。
3. 中火にかけ、鍋肌から泡がプツプツと出てきたら火を止め、そのまま冷まし、一晩以上おく。

<Story>
パピヨット【papillote(仏)】：紙包み焼きのこと。本来は仔牛の背肉などで作る切り身料理で、一度火を通した後、ハート形に切ってオイルを塗った白紙に包み、オーブンに入れて焼く。すると、熱の作用によって紙が膨らむ。ここではその応用としてさんまを用い、紙はアペリティフ向けに小さく巾着型に絞った。

クミンの香りがエキゾチック

さんまのパピヨット

材料（8～10人分）

さんま…2尾
きのこ（しめじ、マッシュルームなど）…1パック
玉ねぎ（薄切り）…1/2個
レモン（いちょう切り）…8～10枚
オリーブオイル…適量
クミンシード、塩、こしょう…各適量

作り方

1. さんまは頭と内臓を取り、4～5等分の筒切りにする。
2. きのこは石づきを取り、食べやすい大きさに切り分ける。
3. 18cm角のオーブンペーパーを8～10枚用意し、中央に、玉ねぎ、**1**、**2**、レモンを等分にのせる。オリーブオイルを小さじ1ずつかけ、クミンシード、塩、こしょう各少々をふる。
4. オーブンペーパーを巾着状にしてタコ糸で閉じる。250℃で予熱したオーブンで10～15分焼く。

ほたての貝殻に盛ってフランス風に
コキーユ・サンジャック

材料 （4人分）

ほたて貝柱（できれば殻付き）
　　…240g（正味）
むきえび … 130g
ホワイトマッシュルーム … 10個
コルニション＊ … 2〜3個
バター … 25g
塩、こしょう … 各適量
ホワイトソース（市販）… 150g
パセリ（みじん切り）… 適量

＊小型きゅうりのピクルス

<Story>

コキーユ・サン・ジャック
【coquille Saint-Jaques(仏)】：ほたてやムール貝などの魚介のだしと、ブール・マニエで煮詰め、ほたて貝の貝殻に盛った料理。フランスではレストランのほか、菓子店のトレトゥール（仕出し料理、ケータリング）部門で扱っている。

作り方

1　ほたて貝柱は一口大に切る（殻付きのものは身を切り取って洗い、ワタとヒモを除いてから）。マッシュルームは四つ割りにし、コルニションはみじん切りにする。

2　鍋にバターを溶かし、1、えびを入れて強火で炒め、塩、こしょうをふる。ホワイトソースを加え、煮立つ直前に火を止める。

3　器（あればほたての貝殻）に盛り、パセリをふる。

炭酸水を使って煮込み時間を短縮
たこのやわらか煮

材料（6人分）

ゆでたこ…300g
炭酸水…適量
白ワイン…大さじ2
ローリエ…1枚
A パセリ（みじん切り）…大さじ1
　ディル（みじん切り）…適量
　黒オリーブ…10粒
　オリーブオイル…大さじ1
塩、こしょう…各適量
仕上げ用：ディル…適量

作り方

1. たこは一口大に切って鍋に入れ、浸るくらいまで炭酸水を注ぎ入れる。火にかけて沸騰したら弱火にし、落としぶたをして1時間煮る。炭酸水が減ってきたらそのつど足し、常にたこが浸るようにする。
2. たこがやわらかくなったら白ワイン、ローリエを加えさらに10分煮る。
3. 火を止めて**A**を加える。塩、こしょうで味を調え、冷ます。器に盛り、ディルを飾る。

<Story>

【たこのゆで方】：たこをやわらかく仕上げるには、さっと煮て身が固くなるのを防ぐか、2時間ほど煮込む方法がある。後者は時間がかかるが、しっかり味が浸み込むのが利点。圧力鍋で時短調理もできるが、普通の鍋でも煮汁に炭酸水を使うと、たこの繊維が早くやわらかくなり、煮込み時間を半減できる。

ハーブとレモンの香りがさわやか

かじきまぐろのスープ煮

材料（5〜6人分）

かじきまぐろ（切り身）…3切れ
塩…少々
コンソメスープ（顆粒を表示通りに
　溶いたもの）…約500ml
A 白ワイン…大さじ1
　ローリエ…1枚
　パセリの軸…1本
　レモン（薄切り）…1枚
　塩、こしょう…各少々
ミント…適量

作り方

1　かじきまぐろは両面に塩をふって10分おき、水気が出てきたら拭く。

2　鍋にコンソメスープを入れて煮立て、1、Aを入れる。スープが再び沸騰する直前に火を止め、予熱で火を通し、そのまま冷ます。

3　かじきまぐろを一口大に切り、スープとともに器（あればレモンの半割りから果肉を除いたもの）に盛り、ミントを散らす。

※冷蔵保存で3〜4日、スープごと冷凍保存すれば2週間もつ。

\<Story\>

【かじきまぐろ】：クセがなく淡泊な味わいなため、あからじめスープで煮て風味づけする。自家製ゆでハム＜p40＞と同様、沸騰直前の80℃ほどのスープでゆっくり加熱すると、身が固くなりにくく、ふっくらと仕上がる。

オリジナル・カクテル6種

ひねりを効かせたオリジナルカクテルなら、ゲストに一目置かれるはず。
ドリンクに合うグラスを考えるのも楽しいひとときです。

Sake Sour

Raw sugar Sour

Sangria with Oranges

吟醸酒を使うとさらに飲みやすく
サケ・サワー

材料 （1人分）

A 日本酒 … 45mℓ
　レモン果汁（フレッシュ）… 15mℓ
　ガムシロップ（市販）… 15mℓ
　炭酸水 … 適量
レモン（薄切り）… 2枚

作り方

1　氷を入れたグラスに**A**を入れて混ぜ合わせる。
2　レモンを入れる。

ゴールドラムと黒糖が好相性
黒糖サワー

材料 （1人分）

ラム酒（ゴールド）… 30mℓ
黒糖（粉末状）… 5g
炭酸水 … 120〜150mℓ
ライム（くし形切り）… 1/6個

作り方

1　グラスにラム酒と黒糖を入れ、よく混ぜ合わせて黒糖を溶かす。
2　氷と炭酸水を加えて混ぜる。ライムを入れる

白ワインを合わせてフルーティに
オレンジのサングリア風

材料 （1人分）

A オレンジ（皮つきのまま一口大に切る）
　　… 1/2個分
　白ワイン … 120mℓ
　グラン マルニエ … 小さじ1/2〜1
好みでハチミツまたは
　メープルシロップ … 適量
シナモンスティック … 1本

作り方

1　グラスに**A**を入れて混ぜ、冷蔵庫で1時間以上冷やす。
2　好みでハチミツまたはメープルシロップを加えて混ぜる。シナモンスティックを添える。

Drink

Calpis & Apricot　　ノンアルコール **Green tea with Mint**　　**Cidre & Strawberry**

定番の乳酸菌飲料を使って
カルピスと
アプリコットのカクテル

材料 (1人分)

カルピス（ストレートタイプ）
　…120ml
アプリコットのオー・ド・ヴィー
　（またはアプリコットブランデー）
　…15ml

作り方

グラスにすべての材料を入れて混ぜる。

微炭酸のおしゃれなノンアル
ミント緑茶

材料 (1人分)

A 粉末緑茶…1g
　水…50ml
　炭酸水…60ml
ミント…適量

作り方

1 別のグラスに**A**を入れて静かに混ぜ合わせておく。
2 氷とミントを入れたグラスに**1**を注ぎ、あれば残ったミントを飾る。

ほんのり甘くて女性受け抜群
シードルと
いちごのカクテル

材料 (1人分)

いちごピューレ（市販）…30ml
ガムシロップ…10ml
シードル*…120ml
*りんごから作られる発泡酒。

作り方

1 いちごピューレとガムシロップをよく混ぜ合わせる。
2 グラスに**1**と氷を入れ、2層になるように静かにシードルを注ぐ。

{ 和風のおつまみ }

ミニサイズのお寿司でおしゃれなおつまみに
手まり寿司のプロフィトロール

材料 （40個分：4個×10人分）

固めに炊いた温かいご飯
　…320g
寿司酢…大さじ2
刺身用さくのまぐろ、たい、開いた
ボイルえび（薄めの2×3cm大に切る）
　…各10枚
きゅうり（薄い輪切り）…30枚
飾り切りしたにんじん、わさび
　…各適量

作り方

1. ご飯と寿司酢を混ぜ、酢飯を作る。
2. 手のひら大にラップを広げ、魚介1枚と酢飯8gを順にのせ、ラップをきつめに絞って丸く成形する。きゅうり3枚は3角形を描くように並べて酢飯をのせ、同様に成形する。
3. 4種一組にして器に盛る。飾り切りにしたにんじんにわさびを入れ、添える。

<Story>

プロフィトロール
【profiterole（仏・伊）】：小さく焼いたシュー生地にクリームを詰めてまとめ、ソースをかけて供する菓子または料理。ここでは手まり寿司をプロフィトロールに見立てた和風つまみを紹介。彩りよく仕上げておもてなし感を出した。

棒状に巻いてからカットして食べやすく
あんかけロールキャベツ

\<Story\>
ロールキャベツ【cabbage roll, stuffed cabbage(英)】：もともとは羊のひき肉をぶどうの葉で包んだトルコ料理、ドルマが発祥。15～16世紀にヨーロッパに伝わり、日本へは明治時代に伝来した。ここでは、和風あんかけバージョンを紹介。片栗粉やくず粉でとろみをつけると料理が冷めにくく、煮汁とともに食べやすくなる。

材料（5～6人分）

- キャベツ…4～5枚
- A 鶏ひき肉…250g
  - 卵…1個
  - 塩、こしょう…各適量
- パン粉…大さじ2
- 牛乳…大さじ1
- 玉ねぎ（みじん切り）…1/2個
- しいたけ（みじん切り）…2枚
- にんじん（みじん切り）…1/3本
- 片栗粉…適量

作り方

1. キャベツはラップに包んで600Wの電子レンジで2分加熱する。芯の厚い部分はそぎ切りにして細かく刻む。

2. ボウルにAを入れて練り混ぜ、牛乳で浸したパン粉、玉ねぎ、しいたけ、にんじん、刻んだキャベツの芯を加えて混ぜる。

3. オーブンペーパー（30×30cm）の上にキャベツを広げ、全面に片栗粉をふる。向こう側2cmをあけて2を塗り広げ、手前から巻いてペーパーで包み、さらにラップで包む。

4. 蒸気の上がった蒸し器に入れ、フタをして強火で20分加熱する。取り出して20分おく。

5. 2cm幅の一口大に切って器に盛る。出てきたスープは小鍋に移して熱し、倍量の水で溶いた片栗粉大さじ1～2でとろみをつけ、上からかける。

<Story>
白和え【しらあえ】：水切りした豆腐にみそやごまなどを一緒に混ぜ、下ゆでした野菜などをあえたもので、和のお惣菜の定番。あえ衣は豆腐ベースのディップとして野菜スティックにつけて食べても。低カロリーで高たんぱくな豆腐料理は、健康志向の人にも最適。

柿のやさしい甘味を定番のお惣菜にプラス

きのこと柿の白和え

材料（4人分）

柿 … 4個（皮を器として使う場合*）
しめじ、しいたけ … 各1パック
ほうれん草 … 1/4束
しょうゆ … 適量
木綿豆腐 … 1/3丁
A 砂糖 … 小さじ1/2
　みそ … 小さじ1

*皮を器として使わない場合は、4人分で柿1個使用。

作り方

1 柿は、皮を器として使う場合は、上面を水平に切ってフタにし、中身をスプーンでくり抜いて器にする。中身は1個分を拍子木切りにする。

2 きのこは石づきを取り、しめじは小房に分け、しいたけは薄切りにし、さっとゆでてしょうゆ少々であえる。ほうれん草もゆで、水にとって絞り、2cm長さに切ってしょうゆ少々であえる。

3 豆腐はキッチンペーパーで包み、600Wの電子レンジで2分加熱し、冷ます。すり鉢でするかフードプロセッサーにかけてペースト状にし、Aで調味し、柿、水気をきった2を加えてあえる。柿の器に入れる。

ふんわり揚がった出来立てをテーブルへ
根菜のフリッター

材料（5～6人分）

根菜（れんこん・にんじん・
さつまいも・じゃがいも）
　…適量
薄力粉 … 50g
塩 … ひとつまみ
ビール … 40～50mℓ
揚げ油 … 適量
好みの塩 … 適量

作り方

1. さつまいもとじゃがいもは洗ってラップに包み、電子レンジで火を通す。れんこん、にんじんとともに皮をむき、1cm厚さに切る。大きければ半分に切る。
2. ボウルに薄力粉と塩を入れて混ぜる。ビールを加えてさっくりと混ぜる。
3. 揚げ油を180℃に熱し、1を2にくぐらせて色よく揚げる。器に盛り、好みの塩を添える。

<Story>

フリッター【fritter（英）】：西洋料理のひとつで、小麦粉を卵や白ワイン、水などで溶いた衣をつけて油で揚げたもの。日本の天ぷらはカリッと揚がるように作るが、フリッターはふんわりと軽い。軽く揚げるために卵白を泡立てて衣に混ぜたり、ビールを始めとする炭酸系の飲み物を加えることも。

発酵食品同士の組み合わせ。さっと焼いた肉に塗っても

白みそと酒粕のディップ

材料（作りやすい分量）

A 酒粕…100g
　白みそ…35〜40g
あられ（市販・柿の種など）…適量
好みのゆで野菜…適量

作り方

1 Aはすり鉢でするかフードプロセッサーにかけてペースト状にする。酒粕が固いようなら少量の湯を加える※。

2 器に盛り、砕いたあられを散らす。ゆで野菜を添える。

※混ぜてから冷蔵庫で1〜2日おくと味がなじむ。

<Story>

酒粕【さけかす】：日本酒を作る際にできる副産物。日本酒は主に米と麹を原料として作るが、製造途中でもろみを濾す。このもろみ部分が酒粕となる。ビタミンやミネラルが含まれ、昨今では発酵食品として人気。代表的な粕汁のほか、独特の風味を生かして菓子やパンに混ぜて使うこともできる。

小腹が満たせる
おつまみ

Chapitre 3.
Casse-croûtes

フランス アルザス名物の薄焼きピッツァ
ピッツァ・タルトフランベ

材料 (2枚分)

◆ ピッツァ生地

A 準強力粉 … 200g
　ドライイースト … 3g
　砂糖 … 4g
　塩 … 2g
水 … 115g
オリーブオイル … 20g

◆ トッピング

玉ねぎ … 1個
サラダ油、塩、こしょう … 各適量
ナツメグ … ひとつまみ
ベーコン … 3枚
B フロマージュ・ブラン … 100g
　生クリーム … 25mℓ

作り方

1 上記ピッツァ生地の材料を使い、p140丸パン生地の作り方1〜5を参照して一次発酵まで行う。

2 生地を2分割して丸め、トレーなどに置き、ふんわりとラップをして10分休ませる(ベンチタイム)。

3 トッピングを用意する。玉ねぎは薄切りにし、フライパンにサラダ油を熱してさっと炒め、塩、こしょう、ナツメグで調味する。ベーコンは細切りにする。Bは混ぜ合わせておく。

4 2の生地を麺棒で2mm厚さの薄い四角形にのばす。オーブンの天板にのせ、Bを塗り、玉ねぎ、ベーコンを散らす。

5 200℃に予熱したオーブンで約10分焼く。

<Story>

タルトフランベ【tarte flambée(仏)】：フランスのアルザス・ロレーヌ地方の名物料理のひとつ。ピザのような薄いパン生地にフロマージュ・ブランを塗り、薄切りの玉ねぎをのせて高温の窯で短時間で焼いたもの。ハムやオリーブをトッピングすることもある。

ノルマンディの名産品をトッピング
ピッツァ・ノルマンディー

材料（直径12cmの円形6枚分）

◆ピッツァ生地
A 準強力粉 … 200g
　ドライイースト … 3g
　砂糖 … 4g
　塩 … 2g
　水 … 115g
　オリーブオイル … 20g

◆トッピング
りんご … 1個
カマンベールチーズ … 1個
くるみ … 適量
シナモンシュガー … 適量
メープルシロップ … 適量

<Story>
ノルマンディー【Normandie(仏)】：フランス西北部の地方の名前で、牧草地や果樹園、穀物畑が広がる田園地帯。バターやチーズの加工、りんご栽培が盛んなことで知られ、同地にちなんだ料理や菓子にこの名が付けられる。ここではイタリア発祥のピッツァをパン生地でアレンジし、ノルマンディーの名産物をトッピングした。

作り方

1. 上記ピッツァ生地の材料を使い、p140丸パン生地の作り方1〜5を参照して一次発酵まで行う。

2. 生地を6分割して丸め、トレーなどに置き、ふんわりとラップをして15分休ませる（ベンチタイム）。

3. 麺棒で直径14cmの円形に薄くのばし、フォークでピケする。天板にのせ、220℃に予熱したオーブンで3〜5分焼く。

4. りんごは皮つきのまま半分に切り、芯と種を除いて2mm幅の薄切りにする。カマンベールチーズは5〜8mm幅に切る。くるみは適当な大きさに割る。

5. 3の上にりんご、シナモンシュガー、チーズ、くるみの順にのせ、200℃のオーブンでチーズが溶けるまで焼く。取り出し、メープルシロップをかける。

レーズンとアーモンド入りのベーシックな味わい

アルザスのクグロフ

材料（直径15cmのクグロフ型1台）

◆ クグロフ生地

A 準強力粉 … 150g
　ドライイースト … 5g
　砂糖 … 30g
　塩 … 3g
　卵 … 45g
牛乳 … 45g
バター（常温）… 40g

◆ 具

レーズン … 30g
アーモンド … 適量

型塗り用のバター、サラダ油
　… 各適量

下準備

・型にバターを薄く塗り、底に具のアーモンドを並べ、冷蔵庫で冷やしておく。

作り方

1 左記クグロフ生地の材料を使い、p140丸パン生地の作り方 **1〜3** を参照してこねる。

2 レーズンを加えて丸め、薄くサラダ油を塗ったボウルに入れてラップをし、オーブンの発酵機能などを使って30℃の場所に50分おいて一次発酵させる。

3 ボウルから出し、丸め直してトレーなどに置き、ふんわりとラップをして15分休ませる（ベンチタイム）。

4 再度、生地を丸め直し、中央に指で500円玉大に穴をあけ、型に入れる。35℃の場所に20〜25分おいて二次発酵させる。

5 180℃に予熱したオーブンで約35分焼く。

※1〜2の工程はホームベーカリーの「生地作りコース」で行ってもよい。クグロフ生地の材料をセットし、具材投入ブザーが鳴ったらレーズンを加え、一次発酵まで終わらせる。

<Story>

クグロフ【kouglof（仏）、Kugelhopf（独）】：オーストリアやポーランドに古くから伝わる菓子で、後にロレーヌやアルザスを経てフランスに入ってきた。オーストリアのハプスブルク家から嫁いでルイ16世妃となったマリー・アントワネットが好んだことから、フランスでも大流行したといわれている。

ベーコンや玉ねぎを入れて塩味アレンジ

クグロフ・サレ

材料（ミニクグロフ型6個分）

◆ クグロフ生地

A 準強力粉 … 150g
　ドライイースト … 5g
　砂糖 … 17g
　塩 … 3g
　卵 … 60g
牛乳 … 60g
ラム酒 … 小さじ1
バター（常温）… 25g

◆ 具

ベーコン … 45g
玉ねぎ … 45g
クルミ … 30g

型塗り用のバター、
サラダ油 … 各適量

下準備

- 型にバターを薄く塗り、冷蔵庫で冷やしておく。
- ベーコンと玉ねぎはみじん切りにし、ともに炒め、冷ましておく。
- クルミは刻んでおく。

作り方

1. 上記クグロフ生地の材料を使い、p140丸パン生地の作り方1〜3を参照してこねる。

2. 1にベーコンと玉ねぎ、クルミを加えて丸め、薄くサラダ油を塗ったボウルに入れてラップをし、オーブンの発酵機能などを使って30℃の場所に50分おいて一次発酵させる。

3. ボウルから出し、6分割して丸める。トレーなどに置き、ふんわりとラップをして15分休ませる（ベンチタイム）。

4. 生地を丸め直し、中央に指で直径2cmほどの穴をあけ、型に入れる。35℃の場所に20〜25分おいて二次発酵させる。

5. 180℃に予熱したオーブンで約20分焼く。

※1〜2の工程はホームベーカリーの「生地作りコース」で行ってもよい。クグロフ生地の材料をセットし、具材投入ブザーが鳴ったら具を加え、一次発酵まで終わらせる。

覚えておきたいキシュのスタンダード
キシュ・ロレーヌ

<Story>

キシュ・ロレーヌ
【quiche Lorraine(仏)】：フランスのロレーヌ地方に起源を持つ。タルト型やフラン型にパイ生地を敷き込み、フィリングを詰めて焼く料理。一部ではドイツが発祥で、ドイツ語のクーヘンkuchenが語源との説もある。

材料（直径18cmのタルト型1台分）

◆ パイ生地
A 薄力粉 … 60g
　強力粉 … 60g
　冷たいバター（1cm角に切る）… 120g
塩 … 2g
水 … 60mℓ

◆ 具
ベーコン（細切り）… 40g
玉ねぎ（薄切り）… 1/2個
ほうれん草（ゆでて5cm長さに切る）… 1/2束
バター、塩、こしょう … 各少々

◆ アパレイユ
B 卵 … 2個
　牛乳 … 100mℓ
　生クリーム … 40mℓ
　塩、こしょう … 各少々

卵黄 … 適量

作り方

1. パイ生地を作る。ボウルにAを入れ、カードでバターを小豆大に切る（フードプロセッサーでバターがさらさらの状態になるまで撹拌してもよい）。

2. 塩を溶かした水を少しずつ加え、粉っぽさがなくなるまでカードで混ぜる。ひとまとまりにしてラップで包み、冷蔵庫で30分ほど休ませる。

3. 具とアパレイユを用意する。フライパンにバターを温め、ベーコン、玉ねぎ、ほうれん草を炒め、塩、こしょうで調味する。Bは混ぜ合わせておく。

4. パイ生地を型のサイズよりやや大きめに麺棒でのばし、型に敷き込む。余分な生地は切り落とす。フォークでピケする。

5. 重石をして200℃に予熱したオーブンで15分焼き、重石を外してさらに5分焼く。

6. 取り出し、すぐに内側に卵黄を塗り、2分ほどオーブンに入れて乾かす。具を散らしてアパレイユを入れ、180℃で15分焼く。

アペリティフがもっと楽しくなる
ドリンク事典
Drink for apéritif

そもそも「アペリティフ」とは、食欲を誘うために飲む食前酒のこと。シャンパンやワイン、リキュール類、ブランデー、ちょっと洒落たカクテルなどが用意されることが多いが、あまり細かいことにこだわらず、口を湿らせ、胃を刺激して食欲を促し、気分を高揚させるものなら何でもよいとされている。もちろん、アルコールの入らないソフトドリンクもパーティーを彩る立派なアペリティフのひとつ。ここではフードをつまみつつ気軽に楽しむ、アペリティフ向けの代表的な飲み物を案内する。

【醸造酒】
Brewage

果物や穀類を発酵させて造るアルコール飲料のことで、お酒の原点ともいえるもの。数十種類のアルコール成分が含まれ、複雑な香味があるのが特徴。

ワイン
Wine

ぶどうの果汁に酵母を加え、発酵させて造る酒。なかには、いちごや梨、りんごなどで造るワインもあるが、圧倒的に多いのは、やはりぶどうである。

産地
ワインの本場はフランスだが、近年ではイタリアワインも注目されている。ドイツ産白ワインのほか、アメリカや南米、オーストラリア産も評価が高い。国内では、甲州ぶどうを使った山梨県の勝沼産が有名。

種類
最もわかりやすい分類が色分け。「赤」「白」「ロゼ」と大別される。赤ワインは黒ぶどうから、白ワインは白ぶどうから造られる。ロゼは、①黒白2種のぶどうを混ぜる、②黒ぶどうを発酵させる途中で色のついた果皮を取り除く、③白ワインに赤ワインの果皮を浸す、などの方法で造られる。

代表的なぶどう品種
一概には言えないが、ぶどう品種の特徴を覚えておくと、ワインの味わいを知る道標となる。

【赤ワイン】

■ ピノ・ノワール
いちごやラズベリーの香り。酸味は強めでタンニンは少なめ。皮が薄く、ワインの赤色が薄い。

■ カベルネ・ソーヴィニヨン
黒ぶどうの王様と呼ばれる品種。カシスやこしょうの香り。タンニンが強くボディが太い。

■ メルロー
ふくよかな果実味。酸味が低く、タンニンがやわらかい。まろやかな口当たり。

【白ワイン】

■ シャルドネ
育った気候により味わいが変わる。一般に、涼しい土地で育ったものは酸味が強く、温暖な土地では果実味豊か。

■ ソーヴィニヨン・ブラン
柑橘やハーブの香り。

■ リースリング
際立つ酸味とやわらかな果実味。

フランスワインのミニ知識
～ボルドーとブルゴーニュ～

【世界に君臨するツートップ】

ワインは世界中で造られているが、フランス産ワインは群を抜いている。フランスには、1.ボルドー、2.ブルゴーニュ、3.ロワール、4.ローヌ、5.シャンパーニュという5大産地があり、ほかにもアルザスやコート・ド・プロヴァンスなどもありそれぞれ異なる特徴がある。なかでも、ボルドーはフランスワインの王様、ブルゴーニュは女王様といわれている銘醸地である。ボルドーは長期熟成に向く高級赤ワインが多い。複数品種のぶどうをブレンドして使うのが特徴で、赤にはカベルネ・ソーヴィニヨンや、カベルネ・フラン、メルロー種などが、白ならソーヴィニヨン・ブランや、セミヨン種などが使われる。一方のブルゴーニュは、畑ごとに個性が多様に異なり、同じ味わいがひとつとしてないことからワイン好きの心を惹きつけている。使われるぶどうは単一品種のみで、赤ならピノ・ノワール種、白はシャルドネ種が使われる。

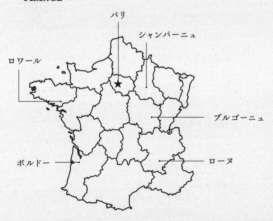

ボトルの形

ボルドーとブルゴーニュのワインは、見た目＝ボトルの形も異なる。ボルドーは角張った怒り肩で、ブルゴーニュはやさしいなで肩をしている。

ボルドー　ブルゴーニュ

グラスの選び方

例えばボルドーの赤はタンニンがしっかりしているので、量をたくさん口に含むと苦味を強く感じてしまう。よって、口をすぼめて少しずつ味わえるような、先のすぼんだ細長いグラスがよい。対して、繊細な芳香を楽しみたいブルゴーニュの赤は、ずん胴で幅の広いバルーン型のグラスで飲むとおいしさが際立つ。

ボルドー　ブルゴーニュ

シャブリと生牡蠣の相性

シャブリはブルゴーニュのシャブリ地区で造られる代表的な白ワインで、生牡蠣と相性が良いとされている。理由は諸説あるがそのひとつに、土地に石灰質が多いためワインに酸が豊富に残り、殺菌効果が高いからというものがある。生牡蠣には食中毒の危険が伴うため、そうした発想が生まれたのかもしれない。また、同じブルゴーニュでもシャブリ地区は最も北に位置し、食の都パリに近いため、この二つのコンビがごく自然に楽しまれてなじんでいったとも考えられる。

ボジョレ・ヌヴォー

毎年の新酒で名高いボジョレの一番搾り＝ボジョレ・ヌヴォーもブルゴーニュワインの一種。毎年11月の第3木曜日に賞味され、日付け変更線の関係から、極東に位置する日本が世界に先駆けて味わえることになっている。

シャンパン
Champagne

フランス語でシャンパーニュ、英語でシャンペインと呼ばれる発泡性ワインの代名詞。パリの北東に位置するシャンパーニュ地方で造られたものしかこの名で呼ぶことができない。湧き上がってくる無数の気泡が華やか。楽しいパーティーにこれほど似合うお酒もない。大切なお客様をお迎えする時の必需品といってよい。

造り方・分類
一度発酵させた白ワインに糖分と酵母を加えて瓶詰めし、中で人工的に二次発酵を起こし炭酸ガスを発生させる。1年ほど熟成させたのち、ビンの上下を返してオリをビンの口の方に溜め、その部分を凍結させて取り出してから、特殊なリキュールを加える。このリキュールの度合いにより、エクストラ(特別辛口)、ブリュット(極辛口)、セック(辛口)、ドゥー(甘口)に分けられる。

栓の開け方
勢い良く音を立てて開けると場は盛り上げるが、栓がどこに飛んでいくか分からず危険。

[品良く開けるには]
1. まずナプキンを栓にあてがい、締めてある針金を緩る。
2. 栓ではなくビンの方をゆっくり回す。
3. 内からの気圧で栓が自然と浮き上がってくるのを待ち、ナプキンでそれを受け止める。
4. ポンッと軽い音とともに穏やかに栓が開く。

スパークリングワイン
Sparkling Wine

発泡性ワインを総称してスパークリングワインという。世界での呼び方は以下の通り。製法はシャンパンと同じものも、違うものもある。

【呼び名】
フランス：ヴァン・ムスー(シャンパン以外)
イタリア：スプマンテ
スペイン：エスプモーソ
　　　　　(中でもカタルーニャ地方で造られる
　　　　　カヴァが有名)
ドイツ：ゼクト

ビール
Beer

麦芽を発酵させて造るアルコール飲料。起源は人類最古の文明が開かれたメソポタミア地方といわれ、現在のようにホップを加えて造るビールは、12世紀頃のドイツが始まり。現在ではドイツをはじめ、ベルギーやイギリス、アメリカ、アジア諸国など世界中でビールが造られている。

上面発酵と下面発酵

ビールにはさまざまな種類があるが、醸造法の違いから、「上面発酵」と「下面発酵」に分けられる。

【上面発酵】

古くから伝わる製法で、エールタイプともいわれる。ベルギービールやイギリスに多い作り方で、15～20℃で短期間発酵させて造る。甘みと個性的な風味が特徴で、フルーティなものや、ワインのようにボディが重いものなど、味わいは実に多彩。

【下面発酵】

ラガータイプともいわれ、5～10℃の低温で長期間発酵させた、キレのいい爽快な飲み口のビール。15世紀にドイツのミュンヘンで生まれ、19世紀に世界中に広がった。日本のビールも多くがこの下面発酵のタイプである。

日本のビール事情

日本のビールは、大手メーカーが造る喉越しのいいラガータイプが主力だが、1994年の地ビール解禁を機に裾野が広がり、エールタイプを中心とした上質なクラフトビールの作り手が増えた。大手ビール会社が出資する小さなブルワリーもあり、注目を集めている。

代表的な種類(スタイル)

【上面発酵】(エールタイプ)

■ ペールエール
華やかな香りと程よいコク。イギリスのバス・ペールエールが有名。

■ IPA
インディア・ペールエール。ホップの風味が強く、苦みが効いたビール。

■ スタウト
焙煎した大麦で造るビール。黒い見た目と香ばしさが特徴。ギネスが有名。

■ ヴァイツェン
小麦の麦芽で造られる、苦味が少なく甘くフルーティな白いビール。

【下面発酵】(ラガータイプ)

■ ピルスナー
1842年にチェコで誕生した喉越し爽やかなビール。日本を始め世界中で人気。

■ シュバルツ
ドイツの黒ビール。チョコレートやコーヒーのような風味がある。

■ デュンケル
焙煎した大麦を使用。苦味は少ない。

日本酒
Japanese sake

米から造る日本独自の醸造酒。手間のかかる複雑な造り方を経て出来上がるが、材料はほぼ米と麹のみとシンプル。米のでんぷん質を糖分に変える糖化と、アルコール発酵を同時に行いながら造られる。

種類

産地、米の種類、熟成年月などによって、日本酒の味わいはさまざま。一般に、東の産地は淡麗辛口、西は芳醇甘口といわれるが、造り方でみるほうがわかりやすい。

- **純米系** 米、麹、水のみで造る。
- **本醸造系** 上記に醸造アルコールを加えて造る。

味わい

[純米酒]…米の個性を残した、米の味が凝縮されたタイプ。ふくよかでどっしりとした味わいのものが多い。

[吟醸酒]…米を4割以上削って上品に醸す。端麗な味わいで、余韻のキレが短い。

[大吟醸酒]…米を半分以上削って贅沢に造る。雑味がなく"フルーティー"と評されるほど。

造り方

まず、精米して蒸した米に麹菌をふって麹を作り、これを蒸した米、水、酵母菌などとともにタンクに入れて酵母を大量に培養し、酒母（「もと」ともいう）を作る。さらにこの酒母を、蒸し米、麹、水とともにタンクに入れて仕込む。すると「もろみ」ができ、発酵と糖化が進み、次第に酒になっていく。これを圧縮し、滓を取り除いたものが「生酒」や「新酒」と呼ばれるもので、搾りかすを残したものが濁り酒である。このままでも飲まれるが、一般には火入れをし、樽で熟成させたのちに出来上がる。こうしてみると、日本酒は他のとの酒と比べても、多くの手間をかけて造られる一種の芸術品であることがわかる。

楽しみ方

冷やしても、温めても、常温で飲んでもまた違った魅力がある。近年人気の発泡性の日本酒は、キリッと冷やして飲むとシャンパンのような爽快感が広がり、アペリティフに最適といえる。

【蒸留酒】
Distilled liquor

醸造酒を熱して蒸留し、不純物を取り除いたアルコール飲料。一定の温度で温めることで、求める香味を選んで取り出すことができる。含まれるアルコールはほぼ一種類しかなく、純度が高い。

ウイスキー
Whiskey, Whisky

穀物を原料とした蒸留酒を、樽で熟成させたもの。発祥はスコットランドともアイルランドともいわれる。当初は大麦の麦芽で造られていたが、次第に幅が広がり、現在では大麦のほか小麦やライ麦、燕麦、とうもろこしなとも使い、世界各地で造られている。

代表的な種類

■ スコッチ［スコットランド産］
ピートと呼ばれる泥炭でいぶして香りをつけた大麦麦芽を原料としたウイスキー。

■ アイリッシュ［アイルランド産］
大麦をピートでいぶすことはせず、ピート臭の全くないウイスキー。

■ バーボン［アメリカ産］
とうもろこしが原料。西部開拓時代に造られ、今やアメリカ全土はもとより広く世界にファンを持つまでになっている。

■ カナディアン［カナダ産］
ライ麦を原料にしたフレーバリングウイスキーと、とうもろこしを原料にしたベースウイスキーをブレンドし、3年以上熟成させたものが主流。ライトで飲みやすい。

国産ウイスキー

このところ国産ウィスキーの評価が高まっている。海外での人気や、テレビドラマのテーマに取り上げられたことにより注目度が増し、品種によっては入手困難なものも。製法はスコッチとほぼ同じで、和食に合う繊細な味わいが魅力。

綴りの違い

本場とされるアイルランドでは、whiskey と書くが、スコットランドやカナダではeを入れずに whisky としている。日本は後者。アメリカでは自国産にはeを入れ、輸入ものにはeを入れずに表記している。

楽しみ方

ストレートやロック、トワイスアップ（水と同割りにしたもの）のほか、食事に合うハイボール（ソーダ割り）も。

ブランデー
Brandy

果実から造ったお酒を蒸留したもの。一般に、ぶどうを原料としたものをブランデーといい、それ以外の果実で造るものをフルーツ・ブランデーとして区別している。

造り方
白ワインの蒸留液を、オーク材の樽に詰めて5〜10年、長いもので50年以上かけて熟成させる。この原酒に他の原酒と混ぜることで、味わいや香りに特徴のあるさまざまなブランデーができる。

格付け
熟成年数が長いものほど上級とされる。一般に、若い順から三ツ星、VO、VSO、VSOP、XOと表示され、最長のものにはEXTRA（エクストラ）やNAPOLEON（ナポレオン）の名が付される。定める年数はブランドによってまちまち。

コニャックとアルマニャック
世界を代表するフランス産ブランデーの二大銘柄。コニャックはコニャック地方で、アルマニャックはアルマニャック地方で造られる。ほかのブランデーと違い格付けも厳密になされている。

楽しみ方
ストレートのほか、カクテルにアレンジしても。

カルヴァドス
Calvados

りんごを原料に造られる、フランスはノルマンディー地方の銘酒。コニャックやアルマニャックと肩を並べるフランス産ブランデーのトップブランド。熟成度合いの深さによって、厳密な格付けがなされる。

造り方
ノルマンディー地方は気温が低く、フランスのほかの地域のようにぶどうの栽培には不向き。その代わりにりんごが採れる。同地方の名物のひとつにりんごジュースを発酵させた醸造酒、シードルがあるが、これをさらに蒸留して樽に詰め、熟成させたものがカルヴァドスである。りんごのほかに、少量の洋梨を加えることも認められている。

楽しみ方
基本的にはストレート。アルコール度数が40度前後と高めのため、空腹時より食後がおすすめ。りんごを使ったデザートに合う。

キルシュヴァッサー
Kirschwasser

ドイツのシュヴァルツヴァルト地方の名産品。キルシュはドイツ語でさくらんぼ、ヴァッサーは水。すなわち、さくらんぼから造ったブランデーを意味する。単にキルシュとも呼ばれる。

造り方
さくらんぼを発酵させ、種ごと砕いて蒸留させて造る。独特の香味は、種の中にある仁によるもので、キルシュヴァッサーのおいしさもここにある。貯蔵によって熟成が進み、それに伴って品質も向上する。長いもので6年ほどで上質とされる。アルコール度数は40度前後で、コンセントレート（濃縮タイプ）は60度前後。

楽しみ方
水などで割ってもよいが、ストレートがおすすめ。本場ドイツでは、キルシュを飲んだ直後に、チェイサー代わりにビールを流し込むという楽しみ方も。製菓用としても重宝される。

焼酎
Shochu

米、麦、さつまいも、そばといったでんぷん質、あるいは黒糖などの糖質をアルコール発酵させ、蒸留したもの。蒸留する過程で不純物が取り除かれるため、少しくらい飲みすぎても頭が痛くなりにくい。

甲類と乙類
今日の酒税法では、連続式蒸留で造られるアルコール分36％未満のものを「焼酎甲類」、単式蒸留で造られるアルコール分45％以下のものを「焼酎乙類」と区別している。甲類は、無味に近く、「ホワイトリカー」の名でもおなじみ。乙類は「本格焼酎」とも呼ばれ、芋焼酎、そば焼酎、沖縄の泡盛といった原料の個性を残したものが多い。甲類と乙類を混ぜた混和焼酎もある。

楽しみ方
ロックやお湯割りのほか、本格焼酎なら「割り水」も。焼酎を水で割り、3日〜1週間寝かせるとまろやかな味わいになる。

【スピリッツ】
Spirits

醸造して造った酒をさらに蒸留したもの。蒸留酒の仲間だが、エキス分2度未満のものを総称してスピリッツと呼んでいる。そのまま楽しむのはもちろん、各種のカクテルや、いろいろなリキュール類を造る際のベースにも用いられている。

ジン Gin

とうもろこしや大麦、ライ麦といった穀物を原料とした蒸留酒に、ジュニパーベリー（ねずの実）で香りを付けたもの。辛口のドライジンが主流。

歴史
1660年に、オランダの医学者が利尿や解熱を目的とした薬用酒を造ったのが始まり。香りも味も良く、市内の薬局で発売されたことから市民の間でも評判に。その後イギリスに伝わり、名前もジンになった。今でもオランダはジンの主産地になっている。

楽しみ方
冷やしてストレートか、カクテルに。

ウォッカ Vodka

ロシアを代表する蒸留酒。古くより農民たちがライ麦やハチミツなどを原料に造っていたもので、今日では大麦や小麦、じゃがいも、とうもろこしなどからも造られている。アルコール度数50％前後と非常に強いため、日本語では「火酒」の文字が当てられる。

語源
語源はロシア語の「ジスネニャ・ヴァダ（命の水）」だといわれる。水を意味するヴァダが次第に変化し、ウォッカと言われるようになった。

楽しみ方
水割りかカクテルに。お菓子や果実酒作りにも使われる。

ラム Rum

さとうきびや糖蜜を原料として造られる蒸留酒。もともとインド原産であるさとうきびが世界各国に広まり、主産地として特に知られるようになったカリブ海諸島などで、ラムの生産もスタートした。

種類
風味の点から3つのタイプに分けられ、重いものから順に、ヘビーラム、ミディアムラム、ライトラムとなる。色別の分け方では、濃い順にダーク、ゴールド、ホワイト。それに準じて香味も、濃厚、中間、ライトに仕立てられている。

楽しみ方
ホワイトは冷やして、ダークは常温で飲むと香りが立って美味。

テキーラ Tequila

ジン、ウォッカ、ラムと並ぶ四大スピリッツのひとつ。原料は巨大パイナップルのような形の竜舌蘭という植物。このでんぷん質を加熱して糖質に変化させ、発酵・蒸留し、できたテキーラの原液をオーク材製の樽に詰めて2〜3週間熟成させて造る。

楽しみ方
そのまま飲むか、カクテルの材料に。本場メキシコでの伝統的なたしなみ方は、まず親指と人差し指で1/8に切ったライムかレモンを持ち、その2本指の付け根の上を舌先でちょっとぬらして塩を置く。そしてそのライムかレモンをかじり、塩をなめてから、テキーラを流し込む。

【リキュール】
Liqueur

スピリッツにいろいろなものを漬け込み、その香味や持ち味を浸出させて造る。フルーツや種子、甘みを持ったクレーム（クリーム）系など、多種のリキュールがある。中でもフルーツ系のリキュールは多彩で、フルーツの数だけあるといってよい。

フルーツ系リキュール

グラン マルニエとコアントロー
Grand Marnier & Cointreau

ともにオレンジ系リキュールの代表格。グラン マルニエは、フランスのマルニエ・ラポストール社製のオレンジキュラソーの商品名。他方、コアントローは、コアントロー社の造るホワイトキュラソーの商品名。製菓・調理業界ではそのままの呼称で通ってしまうほどに、食文化に貢献度の高い酒である。グラン マルニエは、コニャックを数年かけて熟成させ、オレンジの果皮を浸け込んで香味を浸出させて蒸留し、さらにオーク材の樽に詰めて熟成させたもの。コアントローも、コニャックをベースにオレンジの果皮や花、葉などを浸けて造られる。

楽しみ方
カクテルやお菓子作りに。

種子系リキュール

キュンメルとアニゼット
Kummel & Anisette

キュンメルとはキャラウェイのドイツ語で、日本語では姫ウイキョウのこと。この名が付いたキュンメルというリキュールは、スピリッツをベースに、キャラウェイ・シード（キャラウェイの種子）やスパイスなどを混ぜて造る。口中をすっきりさせる独特の爽快さが特徴だ。アニゼットも、キュンメルと並ぶ種子系リキュールの代表格のひとつ。スピリッツをベースにして、アニシード（アニスの種子）を入れ、独特の香りを抽出して造る。

楽しみ方
どちらもオンザロックにして食前酒に。焼き菓子やデザート作りにも。

アマレット・ディ・サロンノ
Amaretto di Saronno

あんずの種の中の仁を使い、アーモンドに似た香りを移して造るリキュールは、世界各地に名品があるが、これもそのひとつ。アーモンド・リキュールの元祖といわれ、イタリアはミラノ近くのサロンノという町の銘酒として知られている。

楽しみ方
そのまま酒として楽しむほか、アーモンドを使ったお菓子にも相性ぴったり。ほんの少し加えるだけで素晴らしいハーモニーを奏でる。

香草系リキュール

ベネディクティンとシャルトルーズ
Benedictine & Chartreuse

香草系リキュールは、一般に何種類もの材料をブレンドして造られる。それだけ香味も複雑になり、深みや神秘性も増す。その代表格がベネディクティンとシャルトルーズだ。ベネディクティンは1510年頃にベネディクティン派の修道院で造られたもの。ブランデーをベースに27種の香草を混ぜて造られ、その深い味わいが戦争や貧困に苦しんでいた当時の人々の心を捉え、今日に至るまで同派の大きな財源にもなっている。一方のシャルトルーズは、1762年にシャルトルーズという名のシャルトル会の修道院が手掛けたもので、130種もの香草や薬草類から造られる。

楽しみ方
カクテルのほか、バニラアイスにかけても。

カンパリ
Campari

キャラウェイやコリアンダー、ビターオレンジなど60種の香味系の材料で造るリキュールで、鮮やかな赤色と苦味が特徴。1860年、イタリアのトリノでバーテンダーをしていたガスパーレ・カンパリ氏が、ビッテル・アルーソ・ドランディア(オランダ風の苦味酒)と名付けて売り出した。その後、息子のダヴィデ・カンパリ氏が自らの名を冠したカンパリと変え今日に至る。

楽しみ方
ストレートで楽しむほか、カクテルのベースに。

クリーム系リキュール

クレーム・ド・カシス
Créme de cassis

リキュールの中には「クレーム(クリームのフランス語)」というくくりで捉えたものがある。フランスのリキュールは最上級のものから順に、シュルフィーヌ(surfine)、フィーヌ(fine)、デゥミ・フィーヌ(demi fine)、オルディネール(ordinaire)と4段階に分けられ、この2番目に当たるものを口当たりのなめらかさからクレームと呼んでいた。それがやがて本来の意味から離れ、甘くドロッとした重いリキュール全般をクレームと呼ぶように。カシスで造ったクレーム・ド・カシスもそのひとつ。

楽しみ方
クリーム系リキュールはほかにも、ミントの香りのクレーム・ド・マント、チョコレート味のクレーム・ド・カカオなどがある。いずれもカクテルに使われる。

【カクテル】
Cocktail

酒にほかの酒やジュースなどをブレンドして作るアルコール飲料。アルコール分が1%に満たないほどのノンアルコールカクテルもある。世界的に知られる有名なカクテルのほか、各人によるオリジナルレシピも無数にあり、その自由さにカクテル作りの面白さがある。

シャンパンベース

キール・ロワイヤル
Kir Royal

キール（右記）の白ワインをシャンパンに替えたもの。贅沢なカクテルとしてロワイヤル（王家風の）と名づけられた。

ミモザ
Mimosa

シャンパンにオレンジジュースを加えて軽くステアしたもの。もともとはフランスの上流階級の間で飲まれていたシャンパン・ア・ロランジュ（Champagne a L'orange）。花のミモザに似ていることから現在の名に。レシピはp37。香り高いフレッシュなオレンジを使用して作りたい。

ベリーニ
Bellini

ピーチネクターに、グレナデンシロップとシャンパン（本来はスプマンテ）を加え、軽くステアしたもの。ルネッサンス期に活躍したベネツィアの画家ベリーニから名付けられたという。

赤ワインベース

アメリカン・レモネード
American Lemonade

レモネードに赤ワインを加えた、2層の美しいカクテル。アルコール度数も低く飲みやすい。レシピはp36。

白ワインベース

キール
Kir

白ワインにクレーム・ド・カシスを加え、軽くステアしたもの。1945年にフランス・ブルゴーニュのディジョン市長であるキール氏に因んで作られた。ブルゴーニュ産の辛口白ワインを使うとよい。レシピはp36。

スプリッツァー
Spritzer

氷を入れた白ワインに、ソーダを加えて軽くステアしたもの。アルコール分が低く、爽やかな味わい。

ジンベース

マティーニ
Martini
ジンにドライ・ベルモットを加え、オリーブを入れたもの。カクテルの傑作といわれる。

ジン・トニック
Gin & Tonic
イギリスの植民地で生まれたといわれる。ジンはイギリス産のドライジンを使いたい。レシピはp37。

ウォッカベース

スクリュー・ドライバー
Screw Driver
ウォッカにオレンジジュースを混ぜたもの。名は「ネジ回し」を意味し、油田の労働者たちがネジ回しで混ぜて飲んだことから。

モスコ・ミュール
Moscow Mule
ウォッカにライム果汁とジンジャーエールを加えたもの。名は「モスクワのラバ」の意味で、ラバに蹴られたように効く強いウォッカを使ったことから。レシピはp36。

ビールベース

シャンディ・ガフ
Shandy Gaff
ビールとジンジャーエールを合わせたもの。イギリスのパブで生まれたといわれる。ビールはしっかりした味のもの、ジンジャーエールは辛口を選ぶと美味。レシピはp37。

リキュールベース

リキュールをベースとしたものは、おおむねソーダで割ってレモン果汁を注ぐものがアペリティフに向く。使われる代表的なリキュール類は以下の通り。

◎柑橘系
- グラン マルニエ
- コアントロー
- マンダリンナポレオン
- ソミュール

◎種子系
- アマレット・ディ・サロンノ

◎香草系
- カンパリ

ソフト・ドリンク

アルコール分を含まないか、もしくは少量しか含んでいないドリンク類の総称。フルーツジュース、炭酸飲料など。

アペリティフに欠かせない

チーズ事典
Cheese
for apéritif

アペリティフにとって、チーズは欠かせない素材である。そのままおつまみにしたり、パンやお菓子、料理の相方にしたりとこれほど重宝するものはない。古代ギリシア時代のはるか以前に遊牧民によって造られたというチーズは、今日ではおよそ1,000種を超えるほどの多岐にわたる。ナチュラルチーズは大きく7タイプに分けられ、個性もさまざま。プロセスチーズは概ねひとつにくくられる。なお、チーズの世界にはA.O.C.という表示がある。これは卓越した伝統的な製法や技術、秀逸な品質を法的に保護し規制するためにフランスが定めた原産地呼称制度で、つまりは高品質チーズの証である。A.O.C.は現在ではEUが定めるA.O.P制度に組み込まれている。

【フレッシュチーズ】
Fresh Cheese

熟成させない生タイプのチーズのこと。凝固させたミルクから、水分を取り除いて造る。フランスのフロマージュ・ブラン、イタリアのマスカルポーネなどがよく知られている。味わいは、クセがなくニュートラル。そのため、他のいろいろな味わいの食材とのマッチングが楽しめる。食べ方としてはそのまま味わうほか、やわらかく使いやすいため料理にも利用される。スパイスや香草を加えたり、はちみつやジャムなどの甘みを加えてデザートとして食べても美味。

カッテージチーズ
cottage cheese

脱脂乳で作られる高たんぱく低脂肪食品。サラダやデザートに用いられる。アメリカで普及。国産もある。

- ■乳種:牛　■脂肪分:21%
- ■熟成:—

クリームチーズ
cream cheese

日本を含む世界各国で造られている。デザート作りに使うほか、明太子やジャム、ドライフルーツなどと混ぜてディップに。

- ■乳種:牛　■脂肪分:60〜70%
- ■熟成:—

フェタ
Feta

ギリシア原産。アテネ郊外の羊飼いが最初に作ったといわれる。塩水に漬けてあるため塩分が強い。サラダを始めとする料理に用いられる。

- ■乳種:羊、山羊
- ■脂肪分:40%　■熟成:4、5日〜1ヶ月

ブリア・サヴァラン
Brillat Savarin

フランス、ノルマンディー、ブルゴーニュ地方産。名は美食家で知られたフランスの政治家、ブリア・サヴァランにちなむ。生クリームを加えて作るトリプルクリームタイプ。濃厚なミルクの風味の中にかすかな酸味がある。

- ■乳種:牛　■脂肪分:75%
- ■熟成:アフィネ(熟成)タイプは1ヶ月

Fresh Cheese

ブルソー
Boursault

フランス、イル・ド・フランス地方及びノルマンディー地方産。このタイプを代表するフランスの高級クラス。上質のバターのような口当たりで、辛口の白ワインに合う。

- ■ 乳種:牛　■ 脂肪分:75%
- ■ 熟成:3〜4週間以内

フロマージュ・ブラン
fromage blanc

牛の生乳から造られるフランス産フレッシュチーズ。さわやかな酸味となめらかな口当たりで、ディップやデザートなどにアレンジされることが多い。脂肪分はものによって0〜40%と幅広く、フランスでは脂肪分が少ないものは離乳食にも使われている。

- ■ 乳種:牛　■ 脂肪分:0〜40%
- ■ 熟成:—

マスカルポーネ
Mascarpone

イタリア・ロンバルディア地方産。ティラミスのほか料理に広く使われる。スパークリングワインと合う。

- ■ 乳種:牛　■ 脂肪分:80%
- ■ 熟成:—

モッツァレッラ
Mozzarella

イタリア中南部原産。熱々のチーズを引きちぎって丸い形に成形する。名はイタリア語で「ちぎる」を意味するモッツァーレから。オードブルやサラダに使われる。もともとは水牛の乳を使った南イタリアの特産品だったが、現在では牛乳製のものも各地で作られている。

- ■ 乳種:牛　■ 脂肪分:40〜52%
- ■ 熟成:2週間以内

リコッタ
Ricotta

イタリア産チーズを作る際に出る乳清(ホエー)に、新しいミルクかクリームを加え、加熱凝固させて造る。名前はその製法から「二度煮る」を意味する。ミルキーな風味とほんのりとした甘みがある。サラダを始め各種料理に使うほか、ハチミツやコンフィテュール、フルーツを添えても美味。リコッタを塩漬けにして熟成させた「リコッタ・サラータ」もある。

- ■ 乳種:牛、羊　■ 脂肪分:15〜40%
- ■ 熟成:—

Cheese for apéritif

【白かびチーズ】
White Mould Cheese

表面が白いかびで覆われているチーズのこと。このかびの繁殖が、チーズの熟成を促す。熟成はチーズの中では短い方で、白かびタイプの代表格とされるカマンベールでだいたい3〜4週間で食べ頃を迎える。白かびタイプのチーズはフランスが原産。有名なブリーは中世に登場、カマンベールは18世紀末にノルマンディー地方にあるカマンベール村で製法が確立した。カマンベールはデリケートなため、遠方の移送は困難だったが、1890年にポプラの木を使った容器が開発されて移送が可能となり、一気に広まった。なお、ブリーとカマンベールは、大きさと原産地が異なるだけでほとんど変わりはなく、今日ではフランス以外の地でも造られている。まわりを覆う白かびは、中身をおいしくさせるためのもの。白かびごと食べられるが、完熟したものはその役目をすでに終えているため、美味とはいえなくなる。

エクスプロラトゥール
Explorateur

フランス、イル・ド・フランス地方産。乳脂肪分75%以上のトリプルクリームで造られるチーズの代表格。バターのように濃厚でクリーミー。円筒形で1個280〜300g。

- ■乳種:牛　■脂肪分:75%
- ■熟成:2〜3週間

カプリス・デ・ディウー
Caprice des Dieux

フランス産。牛乳に生クリームを加えたダブルクリームで造られるため脂肪分が高め。シュプレームに似ており、穏やかな味わい。

- ■乳種:牛　■脂肪分:60%
- ■熟成:2週間

ガプロン
Gaperon

フランス原産。半球形で、「姑のおっぱい」の異名も。かつて吊るして熟成させていた名残りで現在もひもが巻いてある。脂肪分が少なく、ガーリックやこしょう入りでスパイシー。ビールと合う。

- ■乳種:牛　■脂肪分:30〜45%
- ■熟成:1〜2ヶ月

カマンベール
Camembert

フランス、ノルマンディー地方原産。今日では世界中で造られている。殺菌乳を使った工場製のものがほとんど。

- ■乳種:牛　■脂肪分:45〜52%
- ■熟成:約1ヶ月

カマンベール・ド・ノルマンディー
Camembert de Normandie

フランス、ノルマンディー地方のA.O.C.チーズ。白かびタイプの代表的なチーズ。無殺菌乳で造られるカマンベールで、塩気が強くコクがありクリーミー。メドックなどのワインとよく合う。

- ■乳種：牛　■脂肪分：45%
- ■熟成：約1ヶ月

カレ・ド・レスト
Carré de l'Est

フランス、シャンパーニュ地方、ロレーヌ地方産。四角形で、フランスの東部で造られるため、「東の四角」の名がつけられている。カマンベールに似た味。軽い赤、辛口のフルーティーな白、ロゼに合う。

- ■乳種：牛　■脂肪分：45～50%
- ■熟成：3週間

クータンセ
Coutances

フランス、ノルマンディー地方産。牛乳に生クリームを加えたダブルクリームのチーズ。リッチで芳醇な味わい。円筒形で1個200g。

- ■乳種：牛　■脂肪分：60%
- ■熟成：3～4週間

クール・ド・ヌーシャテル
Cœur de neufchatel

フランスはノルマンディー地方産のA.O.C.チーズ、ヌーシャテルのひとつ。ハート形がかわいいチーズで、ほかに小さな円筒形や、四角形のヌーシャテルもある。塩気が際立ち、きのこのような香りを持つ。フルーティーな赤ワインに合う。

- ■乳種：牛　■脂肪分：45%
- ■熟成：3週間

サン・タンドレ
Saint-André

フランス原産。高脂肪でバターのようなクリーミーな食感。フルーツと合わせたり、ハチミツをかけても美味。

- ■乳種：牛　■脂肪分：75%
- ■熟成：1～3週間

シャウールス
Chaource

フランス、シャンパーニュ地方のA.O.C.チーズ。シェーブル（山羊）チーズに似た造り方で、クリーミーでコクがあり、風味も似ている。同地方で造られたシャンパンと合わせて。円筒形で1個400g。

- ■乳種：牛　■脂肪分：50%
- ■熟成：約1ヶ月

シュプレーム
Suprême

フランス、ノルマンディー地方産。乳脂肪分を高めたダブルクリームのチーズ。シュプレームとはフランス語で「最高」の意味。なめらかな口当たりと穏やかな味でオードブルに好適。楕円形で1個125g。

- ■乳種:牛　■脂肪分:62%
- ■熟成:2週間

バラカ
Baraka

フランス、イル・ド・フランス地方産。フランスで幸運を呼ぶとされる馬蹄形で、プレゼントに最適。濃厚なミルク味で塩気は強め。

- ■乳種:牛　■脂肪分:60%
- ■熟成:2〜6週間

プティ・ブリー
Petit Brie

フランス、ノルマンディー地方産。牛乳とクリームを混ぜて造る新しいタイプのブリーチーズ。クリーミーでマイルド。円盤形で1個1kg。

- ■乳種:牛　■脂肪分:60%

ブリー・ド・クーロミエ
Brie de Coulommiers

ブリー・ド・モー、ムランとともにブリー3兄弟といわれる。上品でおだやかな味わい。農家製と工場製がある。フランス、イル・ド・フランス地方産。

- ■乳種:牛　■脂肪分:45%
- ■熟成:4〜5週間

ブリー・ド・ムラン
Brie de Melun

ブリー・ド・モーの弟分で、野性的な風味がある。フランス、イル・ド・フランス産のA.O.C.チーズ。

- ■乳種:牛　■脂肪分:45%
- ■熟成:1.5〜2ヶ月

ブリー・ド・モー
Brie de Meaux

フランス、イル・ド・フランス地方産のA.O.C.チーズ。ブリーチーズの一種で、1815年のウィーン会議で「チーズの王」に選ばれ、ルイ16世にも愛された。味は一般の殺菌乳製ブリーより力強い。カマンベール同様、中身がやわらかく、味はまろやか。

- ■乳種:牛　■脂肪分:45%
- ■熟成:約1ヶ月

ボニファッツ
Bonifaz

ドイツ・バイエルン地方産。ベネディクト派修道院のボニファティス枢機卿にちなんでつけられた名前。クリーミーな口当たりでグリーンペッパーが入っているのが特徴。

- ■乳種:牛　■脂肪分:70%
- ■熟成:1〜3週間

【ウォッシュチーズ】
Wash Cheese

「ウォッシュ」とは洗うことで、チーズの外皮を塩水や地酒などで洗いながら熟成させることからつけられた名称。主にフランスで造られ、中世の時代に修道院で手がけられた。造り方は、まず、チーズの表面に菌を植えつけて熟成させる。菌が繁殖するとネバネバした状態になり、その繁殖を押さえるために表面を洗いながら熟成させる。ノルマンディー地方ではカルヴァドスやシードルで、アルザス地方ではビールで、ブルゴーニュ地方ではワインの絞りかすから造るマールという酒で洗うなど、地方により違いがある。白かびチーズに比べて熟成が長く、強烈な香りが特徴だが、中身は非常にやわらかくてコクがあり、熟成度によって味が大きく異なる。

エポワス
Époisses

フランス・ブルゴーニュ地方産。表面を地酒のマールで洗う。熟成したものはねっとりとした強烈な風味。円筒形で1個300〜400g。

- ■乳種：牛　■脂肪分：45〜50%
- ■熟成：約3ヶ月

タレッジオ
Taleggio

イタリア原産。マイルドな味わいで香りも上品。りんごや洋梨、イチジクなどのフルーツに沿えて。

- ■乳種：牛　■脂肪分：48%
- ■熟成：1.5〜2ヶ月

ピエ・ダングロワ
Pié d'Angloys

フランス原産。クリーミーでなめらかな食感。クセがなく食べやすい。

- ■乳種：牛　■脂肪分62%
- ■熟成：3週間

ポン・レヴェック
Pont l'Évêque

フランス、ノルマンディー地方産のA.O.C.チーズ。塩水で洗って熟成させる。マイルドで食べやすい。弾力があってプリッとした状態のやわらかさが食べ頃。表皮は食べない。中はやわらかくまろやか。四角形で1個200〜350g。

- ■乳種：牛　■脂肪分：50%
- ■熟成：1〜2ヶ月

マンステール・ジェロメ
Munster Géromé

フランス、アルザス・ロレーヌ地方のA.O.C.チーズ。もともとアルザスではマンステール、ロレーヌではジェロメと、2つの名前で呼ばれていたもの。起源は中世の修道院で、マンステールという名もモナステール（修道院）からきている。円盤形で1個200g~1kg。中身はとろけるようにやわらかく、クミンを散らしたゆでじゃがいもと一緒に食すのが地元の楽しみ方。A.O.C.のない小型のマンステールもある。

- ■乳種：牛　■脂肪分50%
- ■熟成：1〜3ヶ月

モン・ドール
Mont d'Or

フランス、ジュラ地方のA.O.C.チーズ。期間限定（8/15〜翌年3/31）で造られ、まわりに巻かれたエピセア（トウヒ）の樹皮の香りが特徴。スイスにもヴァシュラン・モン・ドールという同様の製法のチーズがある。トロトロになった中身を、湯で温めたスプーンで取り分けて食べる。円盤形で1個約500g〜3kg。

- ■乳種：牛　■脂肪分：45%
- ■熟成：2〜4ヶ月

リヴァロ
Livarot

フランス、ノルマンディー地方産のA.O.C.チーズ。クリーミーな食感だが、匂いが強く、通好み。厚みのある円筒形で1個約200g。

- ■乳種：牛　■脂肪分：40%
- ■熟成：約4ヶ月

ルイ
Rouy

フランス原産。ウォッシュチーズらしい強い匂いがあるが、味わいはやわらかくまろやか。塩気が強いため、クラッカーやじゃがいもなどにのせて食べるとよい。重めの赤ワインや、深みのある純米酒などと合う。

- ■乳種：牛　■脂肪分：50%
- ■熟成：1〜2ヶ月

ルブロション
Reblochon

フランス、サヴォワ地方産のA.O.C.チーズ。ウォッシュタイプの中では比較的硬め。口当たりはなめらかでクリーミー。ウォッシュチーズでありながらセミハードチーズにも属する。そのまま食べるほか、地元サヴォワ地方では「タルティフレット」というグラタン風の郷土料理にも使われる。円盤形で1個約500g。

- ■乳種：牛　■脂肪分：50%
- ■熟成：3〜4週間

【シェーブルチーズ】
Chèvre Cheese

シェーブルとはフランス語で山羊のことで、山羊の乳から造られるチーズを総称してこう呼ぶ。チーズは牛よりも前に、山羊や羊の乳から造られたといわれており、いわばチーズの原点ともいえるものだ。そもそもはギリシャやシチリア、コルシカといった牧草の少ない地域で、山羊の乳から造られていた。そうしたところの山羊は、急斜面に生える養分が凝縮した荒地の牧草を食べるため、その乳は独特の風味とコクがある。牛の乳に比べると山羊の乳は酸味が強く、熟成に時間がかかる。未熟のものはボソボソしているが、熟成が進むにしたがって風味が増し、いわゆる「通好み」の味わいになってくる。シェーブルは、含まれるたんぱく質も上質なため、たくさん食べるのではなく、少量で十分。よって製品も小型のものが多い。薄く切ってサラダに添えたり、ワインとともに口に運ぶと、味がいっそう引き立つ。

クロタン・ド・シャヴィニョール
Crottin de Chavignol

フランス、ベリー地方産のA.O.C.チーズ。ミルキーで、酸味とほのかな甘みを持つ。熟成が進むとシャープな風味になる。ロワール産の赤や、白ワインが合う。小型の円形で、1個50〜60g。

■乳種：山羊　■脂肪分：45%
■熟成：2週間〜3ヶ月

サント・モール
Sainte Maure

フランス、トゥーレース地方産。適度な塩味と酸味があり、まっ黒な木炭をかけたものはドライな風味を持つ。細長い円筒形で1個約300g。

■乳種：山羊　■脂肪分：45%
■熟成：1ヶ月

シャビシュー・デュ・ポワトゥ
Chabichou du Poitou

フランス、ポワトゥ地方産のA.O.C.チーズ。白かびに包まれ、シェーブル独特の香りが強い。塩味、酸味とともにかすかな甘味も感じる。フルーティーな赤ワインに合う。円筒形で1個約150g。

■乳種：山羊　■脂肪分：45%
■熟成：3週間〜数ヶ月

シャロレ
Charolais

フランス、ブルゴーニュ地方産のA.O.C.チーズ。外皮が青味がかっており、小さな樽のような形をしている。かすかな酸味の中に、こっくりとしたミルクやアーモンドの風味がある。

■乳種：山羊　■脂肪分：45%
■熟成：2〜6週間

セル・シュール・シェール
Selles-sur-cher

フランス、ベリー地方産のA.O.C.チーズ。外側は灰がまぶしてあり、中身は真っ白。なめらかな口当たりで、おだやかな塩味と酸味、香味がある。小型の円筒形で1個約150g。

- ■乳種：山羊　■脂肪分：45%
- ■熟成：約3週間

バノン
Banon

フランス、プロヴァンス地方産のA.O.C.チーズ。栗の葉に包んで熟成させるチーズ。熟成が進むほどにとろっとして香味も増す。そのまま楽しむほかデザートにも用いられる。

- ■乳種：山羊　■脂肪分：45%
- ■熟成：最低15日（うち10日は栗の葉に包む）

ヴァランセ
Valençay

フランス原産。台形で、表面に黒灰がまぶしてあるのが特徴。中身は白く食感はなめらか。酸味と塩味が程よく、爽やかな味わい。たとえ産地や製法、形が同じチーズでも、無殺菌の山羊で作られたものしかこの名で呼ばれず、それ以外のものは形の特徴から「ピラミッド」と呼ばれる。

- ■乳種：山羊　■脂肪分：45%
- ■熟成：5週間

ピコドン
Picodon

フランス、アルデッシュ産とドゥローム産のA.O.C.チーズ。きめ細かくなめらかでおだやかな酸味と塩味がある。腰の強いコード・デュ・ローヌの白、赤ワインが合う。小さな円筒形で1個70～80g。

- ■乳種：山羊　■脂肪分：45%
- ■熟成：1～3ヶ月

プリニー・サン・ピエール
Pouligny-Saint-Pierre

フランス、ベリー地方産のA.O.C.チーズ。ピラミッド形が特徴で「エッフェル塔」の愛称も。サンセールの白や赤、ヴーヴレの白ワインなどが合う。

- ■乳種：山羊　■脂肪分：45%
- ■熟成：4～5週間

ペラルドン
Pélardon

フランス、ラングドック地方産のA.O.C.チーズ。おだやかな風味で、フルーティーな赤ワインや、辛口の白が合う。小さな円筒形で1個70～80g。

- ■乳種：山羊　■脂肪分：45%
- ■熟成：最低11日

リゴット・ド・コンドリュー
Rigotte de Condrieu

フランス、ローヌ・アルプ地方産のA.O.C.チーズ。リゴットは牛乳製が多いが、これは山羊の乳で造った珍しいタイプ。優しい酸味の中に、ヘーゼルナッツのような香ばしい余韻が広がる。同郷の白ワイン、コンドリューと合わせたい。小さな円形で1個30～35g。

- ■乳種：山羊　■脂肪分：40%
- ■熟成：2週間

【青かびチーズ】
Blue Mould Cheese

青かびによって熟成させるチーズで、その色味からブルーチーズと呼ばれる。歴史は古く、フランスのロックフォールは紀元0年頃まで、イタリアのゴルゴンゾーラは9世紀頃まで遡るといわれており、この2つのブルーチーズにイギリスのスティルトンを加えて、「世界3大ブルーチーズ」と呼ばれている。造り方は、牛や羊の乳から造るカード（凝乳）の中に青かびを植え付けて成長させ、マーブル状に行き渡らせて、チーズを熟成させる。ただ、他のチーズと異なるところは、中心部の方が先に熟成が進み、外側の熟成が遅くなる点だ。味わいは、青かび特有の香味と、やや強めの塩味が特徴。塩は外側にすり込むため、若いうちは中心部は薄味だが、味の経過とともに均質になっていく。青かびチーズは乳脂肪分の高いものほど口当たりもなめらかになる。

カンボゾラ
Cambozola

ドイツ原産。表面は白かびで、中身に青かびが点在している。クセがなくクリーミー。
- ■乳種：牛　■脂肪分：70％
- ■熟成：4〜5週間

ゴルゴンゾーラ
Gorgonzola

イタリア、ロンバルディア地方産。ゴルゴンゾーラは村名。ロックフォール、スティルトンと並ぶ世界3大ブルーチーズのひとつ。クリーミーで甘みのあるドルチェ、辛味の強いピカンテの2タイプがある。各種料理に使うほか、ハチミツをかけて食べても美味。
- ■乳種：牛　■脂肪分：50％
- ■熟成：3ヶ月

スティルトン
Stilton

イギリス産。ゴルゴンゾーラ、ロックフォールと並ぶ世界3大ブルーチーズのひとつ。ピリッとした刺激と、粘りのあるコクが特徴。青かびが入らない「ホワイト・スティルトン」と呼ばれるものもある。ポートワインと合い、エリザベス女王が毎朝召し上がるという。
- ■乳種：牛　■脂肪分：55％
- ■熟成：4〜6ヶ月

ダナブルー
Danablu

デンマーク産。アメリカではサラダ用に大量に消費されている。塩分が強くクリーミーだが、シャープなテイスト。オードブル、デザート、あるいはブルーチーズドレッシングに使われる。
- ■乳種：牛　■脂肪分：50％
- ■熟成：2〜3ヶ月

バヴァリア・ブルー
Bavaria Blu

ドイツ、バイエルン（バヴァリア）地方産。バヴァリアン・アルプス山麓地方の牛から造られる。高脂肪でクリーミーな食感。オードブルやデザートのほか、サラダにも向く。

- 乳種：牛　■ 脂肪分：50〜70%
- 熟成：6〜8週間

ブルー・デ・コース
Bleu des Causses

フランス、アキテーヌ地方産のA.O.C.チーズ。ロックフォールと同様に洞窟の中で熟成させるが、こちらは牛乳を使い、味わいも優しい。シャトー・ヌフ・デュ・パプのような腰の強い赤ワインが合う。

- 乳種：牛　■ 脂肪分：50%
- 熟成：約3ヶ月

ブルー・デュ・オ・ジュラ
Bleu du Haut-Jura

フランス、コンテ地方ジュラ山脈のA.O.C.チーズ。ブルー・ド・ジェックス（Bleu du Gex）とも呼ばれる。ジュラ山脈南部の高地の農家や専門工場で古くから造られている。

- 乳種：牛　■ 脂肪分：45%
- 熟成：2〜3ヶ月

ブルー・ドーヴェルニュ
Bleu d'Auvergne

フランス、オーヴェルニュ地方産のA.O.C.チーズ。刺激的な強い風味。シャトー・ヌフ・デュ・パプやマルゴー、エルミタージュといったバランスのとれたコクのある重い赤ワインと合う。

- 乳種：牛　■ 脂肪分：50%
- 熟成：3ヶ月

フルム・ダンベール
Fourme d'Ambert

フランス、オーヴェルニュ地方産のA.O.C.チーズ。上品で個性的な香味から「高貴なブルーチーズ」と呼ばれる。ボージョレやコート・ドーヴェルニュといったフルーティーな軽い赤ワインがよく合う。

- 乳種：牛　■ 脂肪分：50%
- 熟成：約3ヶ月

ブレス・ブルー
Bresse Bleu

フランス、ブレス地方産。1950年に造られたもので、外側が白かびで中身は青かび。マイルドな味わいで、おだやかさを好む日本人に人気がある。

- 乳種：牛　■ 脂肪分：50%
- 熟成：1〜2ヶ月

ロックフォール
Roquefort

フランス、アキテーヌ地方産。ロックフォール村の洞窟で熟成させるA.O.C.チーズ。イタリアのゴルゴンゾーラ、イギリスのスティルトンと並ぶ世界3大ブルーチーズのひとつ。青かび独特の強い風味があり、シャトー・ヌフ・デュ・パプ、カオールといった芳香でコクのある赤ワインが合う。

- 乳種：羊　■ 脂肪分：52%
- 熟成：約3〜5ヶ月

【セミハードチーズ】
Semihard Cheese

前5種は食品としては生ものの範疇に入るが、ここに取り上げるセミハードチーズと、次にあげるハードチーズは、ナチュラルチーズの中でも保存性が高い。造り方も異なり、前5種は牛や羊乳を固めたカード（凝乳）から、水分であるホエー（乳清）を自らの重さによって取り去るのに対し、セミハードおよびハードチーズは、カードを作る過程で加温して水分を蒸発させ、さらにプレスして乳清を取り除くため、より水分が少なく、硬く仕上がる。一般に、セミハードチーズはハードチーズより小さめで、1個6～10kgほどの中型が多く、プロセスチーズの原料にも使われる。またハードチーズよりソフトでしっとりとし、中に穴があいたものも多い。熟成の違いによって風味も異なる。

アッペンツェラー
Appenzeller

スイス、アッペンツェラー州産。大豆ほどの穴が点在し、食感はなめらか。熟成中に白ワインや香辛料で風味付けをするため、ピリッとしたテイストがある。シャルルマーニュ大帝時代（在位768～814年）から造られているという。辛口のワインが合う。

- ■乳種：牛　■脂肪分50%
- ■熟成3～4ヶ月

オソー・イラティ
Ossau-Iraty

フランス、ピレネー山麓産のA.O.C.チーズ。スペインとの国境近くの農家で造られてきたもの。個性的で深みのある味だが、匂いはさほど強くない。カオール、エルミタージュなどの赤ワインに合う。

- ■乳種：羊　■脂肪分45%
- ■熟成：約3ヶ月

カンタル
Cantal

フランス、オーヴェルニュ地方産のA.O.C.チーズ。フランス最古のチーズで、古代ローマのプリニウスの『博物誌』にも登場する。おだやかなコクがあり、フルーティーな軽い赤ワインに合う。

- ■乳種：牛　■脂肪分45%
- ■熟成：3～6ヶ月

ゴーダ
Gouda

オランダ産。原産地は同国ロッテルダム近郊のゴーダ村だが、現在は各地で造られている。マイルドでクセのない味で、長期熟成のものは栗のような風味がある。そのまま食べるほか、加熱するとよく伸びるため料理にも使われる。

- ■乳種：牛　■脂肪分48%
- ■熟成：通常6～8週間、長いもので2年

サムソー
Samsø

デンマーク産。大豆ほどの穴があいており、マイルドで穏やかな味。やや硬めで薄切りにしやすく、おつまみや料理に広く使われる。加熱料理に適し、プロセスチーズの原料にも用いられる。

- ■乳種：牛　■脂肪分：45%
- ■熟成：3～4ヶ月

ダンボー
Danbo

デンマーク産。同国では最も人気がある、マイルドでコクのあるチーズ。デンマークのビールとよく合う。

- ■乳種：牛　■脂肪分：45%
- ■熟成：2～5ヶ月

トム・ド・サヴォワ
Tomme de Savoie

フランス、サヴォワ地方産。赤、黄、灰色のかびが外皮を覆うが、中身はクリーム色でやわらかく、くるみのようなテイスト。軽くてフルーティーなサヴォワ地方のワインと合う。

- ■乳種：牛　■脂肪分20～40%
- ■熟成：約1ヶ月

ハヴァーティ
Havarti

デンマーク産。不揃いの小さな穴がたくさんあいている。クリーミーでコクがあり、食べやすい。

- ■乳種：牛　■脂肪分：45%
- ■熟成：2～3ヶ月

フォンティーナ
Fontina

イタリア原産。小豆ほどの穴が点在。刺激臭はあるが、わずかに甘みを感じるあっさりとしたテイスト。

- ■乳種：牛　■脂肪分：45～50%
- ■熟成：4ヶ月

フルール・デュ・マキ
Fleur du Maquis

フランス原産。表面にローズマリーや赤唐辛子などのハーブやスパイスをまぶし、熟成させる。弾力があってマイルドな食感。

- ■乳種：羊　■脂肪分：45～50%
- ■熟成：1ヶ月

プロヴォローネ
Provolone

イタリア南部産。ひもを巻きつけ、吊るしてスモークする。やわらかめのものから硬質に近いタイプのものまである。軟らかいものはそのまま、硬いものはおろして料理に使う。

- ■乳種：牛　■脂肪分：44%
- ■熟成：2～6ヶ月（サイズにより異なる）

ベル・パエーゼ
Bel Paese
イタリア産。名は「美しい国」を意味する。表面を洗いながら造るためウォッシュタイプにも属する。1920年頃造られた新種で、甘みがあり穏やかで、クリーミーな口当たり。
- ■ 乳種：牛　■ 脂肪分：45〜50％
- ■ 熟成：2ヶ月

マリボー
Maribo
デンマーク産。やや硬めで不規則な小さい穴がたくさんあいている。クセがなくマイルドで美味。グラタン料理にも好適。
- ■ 乳種：牛　■ 脂肪分：45％
- ■ 熟成：3〜4ヶ月

マンゼル・バベット
Mamsell Babette
ドイツ原産。中に細く切ったハムが入っており、クセがなくおだやかなテイスト。デザートにも向く。
- ■ 乳種：牛　■ 脂肪分：45％
- ■ 熟成：3〜4ヶ月

モルビエ
Morbier
フランス、コンテ地方産のA.O.C.チーズ。コンテ<p95参照>を造る際に、余った「カード」と呼ばれるたんぱく質の塊を使って造られるチーズ。
- ■ 乳種：牛　■ 脂肪分：45％
- ■ 熟成：2〜3ヶ月

モントレー・ジャック
Monterey Jack
アメリカ原産。なめらかでクセがない味。アメリカでは薄切りにしてサンドイッチやチーズバーガーに使われる。加熱するとよく伸びるため、チーズやグリル料理にも。辛口の白ワインやビールと合う。
- ■ 乳種：牛　■ 脂肪分：45％
- ■ 熟成：1〜2ヶ月

ライオル
Laguiole
フランス、オーヴェルニュ地方産のA.O.C.チーズ。数世紀前にオーブラック高原の修道院で造られ始めた、長い歴史を誇るチーズ。カンタル<p91参照>と似た風味があり美味だが、生産量が少なくレア。チーズの強い匂いに負けない、フルボディの赤ワインと合わせたい。
- ■ 乳種：牛　■ 脂肪分：45％
- ■ 熟成：4〜6ヶ月

【ハードチーズ】
Hard Cheese

プレス器で強力に圧搾して水分を抜き、さらに長期間熟成させて造る硬質なチーズのこと。重さが130kgもある特大サイズのものや、長期保存できるものもある。イタリアのパルミジャーノや、イギリスのチェダー、赤玉と呼ばれるオランダのエダムなどが有名。ハードチーズは、時間の経過とともに外側が硬い皮となり、内部を保護しながら熟成していく。この外皮はリンドと呼ばれ、近年では外皮の代わりに真空のフィルムで覆って熟成させるリンドレスタイプも造られている。食べ方は、そのままおつまみにしたり、すりおろして料理にも使う。後者は作り置きすると風味が落ちるので、そのつどおろしたてを使うことをおすすめしたい。外側と中心部とでは硬さが異なるので、外側をすりおろしに使い、中心部はおつまみにするなど、使い分けるとよい。

エダム
Edam

オランダのエダム町が原産。輸出用は赤いワックスでコーティングされた球体で、「赤玉」の名で親しまれている。オランダ産チーズはゴーダ<p91>も有名だが、ゴーダより脂肪分が少なく、ダイエット向きとされている。熟成の若いものはそのまま食べ、長いものはすりおろして料理や菓子用に使われる。

- ■乳種:牛　■脂肪分:40%
- ■熟成:2ヶ月～1年、長いものは2年

エメンタール
Emmental

スイス原産。1個60～130kgもの大きさと風味高さからチーズの王様といわれている。内部に大きな穴があいているのも特徴。くるみのような香ばしいコクと甘みがある。そのまま食べるほか、料理にも使われる。

- ■乳種:牛　■脂肪分:45%
- ■熟成:6～7ヶ月

グラナ・パダーノ
Grana Padano

イタリア原産。軽い塩味と甘さのある香ばしい風味。砕いておつまみにするほか、すりおろして料理にも。

- ■乳種:牛　■脂肪分:45%
- ■熟成:1～2年

グリュイエール
Gruyère

スイス原産。中身は乳白色でわずかな酸味とコクがある。テーブル用、チーズフォンデュ、オニオンスープなどに使われる。

- ■乳種:牛　■脂肪分:45%
- ■熟成:4～10ヶ月

コンテ
Comté

フランス、コンテ地方産のA.O.C.チーズ。ジュラ山岳地帯で造られる。熟成にしたがいナッツのような甘みとねっとりとしたコクが出てくる。地元ジュラ産のワインのほか、軽くてフルーティーなサヴォワ、ボージョレ、マコンといったワインに合う。

- ■乳種：牛　■脂肪分：45%
- ■熟成：4～8ヶ月

スプリンツ
Sbrinz

スイスで最古のチーズといわれるA.O.C.チーズ。粉末にして料理に使ったり、薄く切って食べる。コクと風味、少しの刺激があり、スイスの白ワインやアルザスのゲヴュルツトラミネールが合う。

- ■乳種：牛　■脂肪分：45%
- ■熟成：2～4年

チェシャー
Cheshire

イギリス原産。チェダーと並ぶイギリスの銘品。チェシャーはイギリスの州名。6ヶ月以上熟成させた物はヘーゼルナッツの風味を持つ。

- ■乳種：牛　■脂肪分：45%
- ■熟成：2～6ヶ月

チェダー
Cheddar

イギリス原産。チェダーという町で生まれ、現在では世界各国で造られている。ナッツの風味と甘みがあり、6ヶ月以上熟成させたものはより美味。赤味を帯びたレッドチェダーと呼ばれるものも。

- ■乳種：牛　■脂肪分：45%
- ■熟成：5～8ヶ月

テート・ド・モワーヌ
Tête de Moine

スイス原産。中身は白く、特有の香りとコクがある。大きなチーズで、花びらのように削る専用の削り機もある。

- ■乳種：牛　■脂肪分：50%
- ■熟成：6ヶ月

パルミジャーノ・レッジャーノ
Parmigiano Reggiano

イタリアの代表的な超硬質チーズ。モデナ、パルマ、レッジョ・エミリア、マントヴァ、ボローニャの各地区のみで造られ、厳しい審査を通ったものだけにこの名が許される。甘みのある上品で深い味わい。そのまま食べるか、粉末にして料理に使う。

- ■乳種：牛　■脂肪分：32%
- ■熟成：18～36ヶ月

ペコリーノ・ロマーノ
Pecorino Romano

イタリア産。最も古いタイプのチーズといわれる。塩味と酸味があり、そのままおつまみにするか、粉末にして料理に使う。フルボディのイタリアンワインに合う。

- ■乳種：羊　■脂肪分：36%
- ■熟成：8～12ヶ月

ボーフォール
Beaufort

フランス、サヴォワ地方のA.O.C.チーズ。1個40kgほどの重さがある。アルプス高地の牧場の牛乳で造る代表的な山のチーズで、コクがあり、深い味わい。フルーティーな赤ワインや、辛口の白とよく合う。

- 乳種：牛　■ 脂肪分：50%
- 熟成：6ヶ月

マースダム
Maasdam

オランダ産。中にいくつもの大きな穴があいている。やわらかな風味で、オードブルや、チーズ・フォンデュなどに向く。

- 乳種：牛　■ 脂肪分：45%
- 熟成：3～5ヶ月

ミモレット
Mimolette

フランス原産。オレンジ色の球形で、表面には小さな穴があいている。塩気が効き、おだやかな香りがある。長く熟成が進んだものは旨みが増し、からすみに例えられることも。

- 乳種：牛　■ 脂肪分：45%
- 熟成：3ヶ月～2年

ラクレット
Raclette

スイス、バレー州原産。おだやかなテイストの中にナッツのようなコクがある。スイス料理「ラクレット」に使われ、チーズの切り口を熱で溶かし、ナイフで削り落としてゆでたじゃがいもにつけて食べる。

- 乳種：牛　■ 脂肪分：45～50%
- 熟成：6ヶ月以上

【プロセスチーズ】
Process cheese

1種類または2種類以上のナチュラルチーズを加熱して溶かし、乳化剤で乳化させて造るチーズ。熱を加えることで、チーズを熟成させる微生物や酵素の働きがなくなり、品質が安定して長期保存できるのが特徴。あるスイス人がこの技術を1910年に開発し、以降、大量に造られたチーズを品質を安定させたまま遠隔地まで運ぶことが可能になった。日本へはアメリカ経由で伝わり、第二次世界大戦後に本格的に造られるようになった。クセのない味わいが魅力だが、違うチーズを混ぜたり、香辛料やナッツ、果実類を混ぜ込んで個性を出したものもある。日本ではわさび風味や梅しそ風味などユニークなフレーバーのものも造られ、味覚や食感の幅を広げている。

しっとりもちもちのイギリスのパンケーキ
クランペット

材料（直径5.5cmのセルクル12個分）

A ぬるま湯 … 20mℓ
　ドライイースト … 4g
　砂糖 … ひとつまみ
B 準強力粉 … 200g
　砂糖 … 5g
　塩 … 4g
牛乳 … 20mℓ
型塗り用のサラダ油 … 適量
バター、ハチミツなど … 各適量

作り方

1　Aは混ぜ合わせ、オーブンの発酵機能などを使って30℃の場所に15分おいて予備発酵させる。

2　ボウルにBを入れて混ぜ、1と牛乳を加えてダマができないようにゴムベラかカードで混ぜ合わせる。ラップをして30℃の場所に45分おいて醗酵させる。2倍ほどに膨らめばOK。

3　セルクルの内側にサラダ油を塗り、弱火で熱したフライパンの上に置き、2を六分目まで流し入れる。表面にプツプツと穴があいてきたらセルクルを外して裏返し、両面を色よく焼く。

4　器に盛り、バター、ハチミツなどを添える。

<Story>

クランペット【crumpet（英）】：小麦粉と酵母（主にイースト）で作る、塩味または甘味仕立ての、イギリス発祥のパンケーキの一種。生地を焼く時にポツポツあく小さな穴の中に、食べる際にかけるバターやハチミツが入り込んで美味。生地がやわらかいためセルクルを使って焼くと良い。

<Story>
ポップオーバー【popover(米)】、クラウドブレッド【cloud bread(米)】：どちらもアメリカのパンの一種。ポップオーバーの名は、型からあふれるように焼き上がることから。中の空洞にクリームやサラダなどを詰めておやつや食事として食べる。クラウドブレッドは雲のように軽い食感が特徴で、小麦粉、イースト不使用のグルテンフリー食品として近年注目されている。

シュー生地のようなパン。空洞に具を入れて

ポップオーバー

材料 （直径6×高さ5.5cmのマフィン型6個分）

A 卵 … 3個
　牛乳 … 280mℓ
　塩 … 3g
　砂糖 … 小さじ2
薄力粉 … 140g
強力粉 … 30g
溶かしバター … 15g
型塗り用のバター … 適量

作り方

1 ボウルにAを入れて泡立て器でよく混ぜる。薄力粉と強力粉を合わせてをふるい入れ、ダマができないように混ぜ合わせる。

2 溶かしバターを加え、ムラなく混ぜ合わせる。

3 型にバターを塗り、2を6分目まで入れる。210度に予熱したオーブンで20分焼き、180℃に下げてさらに約15分焼く。

ふわふわと軽いグルテンフリーパン

クラウドブレッド

材料 （6枚分）

クリームチーズ … 50g
砂糖 … 大さじ1
卵黄 … 2個分

A 卵白 … 2個
　塩 … ひとつまみ
　ベーキングパウダー … 小さじ1/4
　グラニュー糖 … 大さじ1
好みの具（野菜、チーズ、ジャムなど）
　… 適量

作り方

1 ボウルにクリームチーズを入れて常温に戻し、やわらかく練る。砂糖を加えて泡立て器ですり混ぜ、卵黄を入れて混ぜ合わせる。

2 別のボウルにAを入れ、ハンドミキサーで固めのメレンゲを立てる。

3 1に2を2回に分けて加え、ゴムベラで切るようにして混ぜる。

4 天板にオーブンペーパーを敷き、3を1cm厚さ×直径10cmほどの円形（楕円形でもよい）に広げる。170℃に予熱したオーブンで約10分焼く。

5 取り出して冷まし、好みの具をはさむ。

アフタヌーンティーには欠かせない
スコーン

材料 （直径5cmの菊型8個分）

A 卵黄 … 1個分
  牛乳 … 40ml
  砂糖 … 20g
  塩 … 少々
生クリーム … 100ml
バニラオイル … 少々
小麦粉 … 200g
ベーキングパウダー … 小さじ2
溶き卵または牛乳 … 適量
クロテッドクリーム、ジャムなど
　… 各適量

作り方

1 ボウルに**A**を入れてよく混ぜ、生クリームとバニラオイルを加える。小麦粉とベーキングパウダーを合わせてふるい入れ、ゴムベラで切るようにして混ぜる。

2 ひとまとめにしてラップで包み、冷蔵庫で30分ほど休ませる。

3 麺棒で2cm厚さにのばして菊型で抜き、天板に並べる。表面に溶き卵または牛乳を刷毛で塗り、180℃に予熱したオーブンで約15分焼く。クロテッドクリームやジャムをつけて食べる。

<Story>

スコーン【scone（英）】：スコットランドに古くから伝わるお菓子。パースにあるスコーン城の王の戴冠式で使われた、椅子の土台の聖石に似せて丸く作られたといわれる。聖なる石ゆえナイフで切らず、手で横に割って食べることがマナーとされている。横に割りやすいように2段に割れて焼き上がることを良しとし、その割れ口は「狼の口」と称されている。

好きな具を巻いて食べる中国の小麦粉料理
春餅 ＜チュンピン＞

材料 （10枚分）
薄力粉 … 70g
強力粉 … 30g
塩 … 少々
サラダ油 … 小さじ1/2
熱湯 … 約70mℓ
ごま油、サラダ油 … 各適量
甜麺醤 … 適量
好みの具（ハム、きゅうり、錦糸卵など）
　… 適量

作り方
1　薄力粉と強力粉は合わせてボウルにふるい入れ、塩、サラダ油、熱湯を加え、菜箸でぐるぐると混ぜる。

2　触れるくらいの温度になったら手でよくこね、耳たぶ程度の固さにする。ひとまとまりにしてラップをし、30分以上休ませる。

3　直径3cmの棒状に成形し、10等分に切る。

4　切り口を上にして手のひらで軽く押す。5枚の片面に薄くごま油を塗り、残りを1枚ずつ重ねる。2枚重ねのまま麺棒で直径15cmほどにのばす。

5　フライパンを弱火で熱して薄くサラダ油をひき、4を入れ、焼き色がつかないように注意しながら両面を焼く。

6　焼き上がったら1枚ずつはがし、二つ折りにして器に盛る。
※すぐ食べない場合は、乾いたふきんをかけて乾燥を防ぐ。冷めたらレンジで軽く温める。

7　甜麺醤を塗り、好みの具材をのせ、巻いて食べる。

[皮の作り方]

1) 手で平たくした生地にごま油を塗り、もう1枚を重ねて接着させる。

2) 2枚重ねのまま、麺棒で直径15cmほどに丸くのばす。

3) フライパンで焼き、接着した2枚をはがして1枚ずつ器に盛る。

<Story>
チュンピン【春餅(中)】：中国には餃子や焼売を始め、小麦粉と水を練って加熱した料理が多いが、立春の日に食べる春餅もそのひとつ。薄く生地をのばして焼いた生地に甘みそを塗り、野菜や肉を巻いて食す。生地は日本では北京ダックに添えられているものとほぼ同じである。

{ 市販のパンで }

押さえておきたいベーシックサンドイッチ
卵サンド

材料（2人分）

サンドイッチ用食パン … 4枚
卵 … 2個
マヨネーズ … 大さじ2
塩 … 少々

作り方

1. 小鍋に水を入れて火にかけ、沸騰寸前に火を止め、卵を入れる。再度加熱し、沸騰したら弱めの中火で12分ゆでる。冷水で冷やす。
2. 殻をむいてフードプロセッサーでみじん切りにし、ボウルに移す。マヨネーズと塩を加える。
3. 食パン2枚に**2**を1/2量ずつ塗り、もう1枚を重ね、四辺をしっかりとおさえる。ラップか固く絞ったぬれぶきんをかけ、バットなどで重石をしてなじませ、食べやすい大きさに切る。

少量加えるマヨネーズが隠し味
フルーツサンド

材料（2人分）

サンドイッチ用食パン … 4枚
キウイフルーツ … 1個
マンゴー … 1/2個
みかん（缶詰）… 12粒
生クリーム … 50ml
砂糖 … 5g
マヨネーズ … 5g

作り方

1. キウイは皮をむいて6等分のくし形切りにする。マンゴーは皮と種を除いて1.5cm幅に切る。みかんはシロップをきる。
2. ボウルに生クリーム、砂糖を入れ、底を氷水に当てながら泡立て器で固めに立てる。マヨネーズを加えて混ぜ合わせる。
3. 食パン2枚に**2**を半量ずつ塗る。フルーツを彩りよく並べ、クリームの中にフルーツを押し込むように軽く押さえ、残りの食パンを重ねる。
4. ラップか固く絞ったぬれぶきんをかけ、冷蔵庫でしっかり冷やす。食べやすい大きさに切る。

<Story>

サンドイッチ【sandwich（英）】：イギリスはケント州の町、サンドイッチの第4代目の領主ジョン・モンタギュ・サンドイッチ伯爵（1718〜1792年）が考案。トランプゲーム好きの彼が、ゲームを中断することなく食事ができるよう、パンで具をはさんだものを召し使いに作らせたのが始まりとされる。

多彩なトッピングで目にも嬉しい
カナペ

材料（8〜10人分）

サンドイッチ用食パン…3枚
クリームチーズ（常温）…40g

A サーモン
- スモークサーモン…4〜5枚
- ぶどう（緑・種なし・皮ごと食べられるもの・薄切り）…3個分
- ケイパー…9粒
- レモン（いちょう切り）…9枚
- ディル…適量

B ゆで卵
- サラミ（薄切り）…9枚
- ゆで卵（半月切り）…1個分
- ミニトマト（6つ割り）…1個半
- ベビーコーン（ゆでて小さく切る）…2本分
- マヨネーズ…適量
- パセリ（みじん切り）…少々

C 生ハム
- 生ハム…4〜5枚
- ミニアスパラガス（塩ゆでして飾りやすく切る）…6本分
- 黒オリーブ（種抜き・輪切り）…9枚
- 赤パプリカ（細切り）…適量
- マヨネーズ…大さじ2

作り方

1 食パンにクリームチーズを塗る。

2 食パン1枚分にAのサーモンを、1枚分にCの生ハムを全面に敷く。食パンすべてを9等分の正方形に切るか、直径3cmの丸形で抜く。

3 A〜Cの材料をそれぞれ上から順に彩りよくのせる。

<Story>

カナペ【canapé(仏)】：フランス式のオープン・サンドイッチ。パンを薄切りにして小さな四角形に切り分け、パテやバター、具をのせて供する。オードブル用のものは「ロシア風カナペ」とも呼ばれ、色とりどりの具やバターのパイピングで美しくデコレーションし、テーブルを賑わす。

<Story>
クロック・ムッシュー【croque- monsieur（仏）】：フランスで愛されている軽食のひとつ。パンでハムやチーズ、ベシャメルソースをはさんでフライパンで焼いたもの。クロック＝カリッと食べる、ムッシュー＝紳士という意味。クロック・マダムは、鶏肉をはさむか、ムッシューの上に半熟の目玉焼きをのせたもの。

小さくカットすればお酒のお供にも

クロック・ムッシュー

材料（1組分）

サンドイッチ用食パン（10枚切り・耳つき）
　…2枚
ホワイトソース（市販）…50g
ナツメグ…少々
ハム、スライスチーズ…各1枚
グリュイエールチーズ…適量

作り方

1. 食パンにホワイトソースを塗り、ナツメグをふる。
2. 1枚にハムとスライスチーズをのせ、もう1枚の食パンではさむ。
3. グリュイエールチーズを削って**2**の上面にふり、オーブントースターで焼く。

固くなったパンも見違えるおいしさに

パン・ペルデュ
＜フレンチ・トースト＞

<Story>

パン・ペルデュ【pan perdu（仏）】：フランス語で「ダメになったパン」の意味で、時間が経過して固くなったパンを、卵と牛乳を混ぜたものに浸してバターで焼く。砂糖を混ぜて甘味仕立てにもする。日本ではフレンチ・トーストの名で親しまれている。

材料 （2人分）

- バゲット＊（4cm厚さに切る）… 4個
- 卵 … 2個
- グラニュー糖 … 20g
- 牛乳 … 100mℓ
- バター … 20g
- 粉砂糖 … 適量
- 好みでフルーツ、ハチミツ、メープルシロップ、シャンティークリームなど … 各適量

＊ブリオッシュや食パンなどでもよい。

作り方

1. ボウルに卵とグラニュー糖を入れて泡立て器でよく混ぜ、牛乳を加えて混ぜる。バゲットを浸して10分以上おく。
2. フライパンを弱火で熱してバターの半量を入れ、1を入れて3〜4分焼く。焼き色がついたら裏返し、残りのバターを入れて同様に焼く。
3. 器に盛り、粉砂糖をふる。好みでフルーツやハチミツ、シャンティークリームなどを添える。

主役級インパクトで盛り上がる!
サンドイッチ・シュルプリーズ

材料（5〜6人分)

大きめのパン（トレコンブロート、
　パン・ド・カンパーニュなど）…1個
◆フィリング
卵マヨネーズ<p101卵サンドの作り方1〜2参照>
　…適量
ハム、レタス、トマト、スライスチーズ、
　マヨネーズなど…各適量
かぼちゃのサラダ<右下参照>…適量

作り方

1　下記を参照し、パンの中身をくり抜く。
2　中身を8mm厚さに横にスライスし、フィリングをはさむ。食べやすい形に切り、パンの中に戻し入れ、フタをする。

[パンのくり抜き方]

1）パンは上から3cmのところを水平に切り取り、フタにする。

2）側面から1cm内側に、ナイフで一周、切り込みを入れる。下を貫通させないように注意する。

3）底から1cmのところに横から少し切り目を入れ、少しずつナイフを動かして底と中身を切り離す。反対側を貫通させないように注意する。

4）完成。中身はスライスし、フィリングをはさんで戻し入れる。

\<Story\>

サンドイッチ・シュルプリーズ【sandwich surprise（仏）】:フランスで作られるサンドイッチのひとつ。ライ麦製のパン・ド・カンパーニュの中身をくり抜いてサンドイッチを作り、元のパンのケースに収めてテーブルを飾る、ちょっとしたパーティー用のサンドイッチ。

[かぼちゃのサラダ]

材料（作りやすい分量)

かぼちゃ…1/4個
セロリ…10cm
レーズン…20g
クルミ…20g
A｜マヨネーズ…35g
　｜ピーナッツバター…15g
塩、こしょう…各適量

作り方

1　かぼちゃは一口大に切り、皮をむく。
2　セロリは薄切りにして塩少々でもみ、水分を絞る。レーズンは湯戻しして粗く刻む。クルミは150℃のオーブンで8分ほど空焼きして粗く刻む。
3　耐熱容器にかぼちゃを入れてラップをかけ、600Wの電子レンジで約3分加熱する。
4　熱いうちにマッシュし、人肌程度の温度になったら、Aを加えて混ぜ合わせる。冷めたら2を加え、塩、こしょうで味を調える。

{ クリスマス }

<Story>
パネットーネ【panettone（伊）】バターと卵、ドライフルーツ入りの生地を特殊なパネットーネ種の酵母で発酵させた、イタリアのクリスマスに欠かせない菓子パン。ミラノからイタリア全土に広まり、現在では休日や日常に食されている。本頁ではドライイーストを使ったレシピを紹介する。

パネットーネ

<Story>
ベラヴェッカ【berawecka（仏）】：フランスはアルザス地方に伝わるクリスマスのお菓子で、名前は「洋梨のパン」の意味。その名の通り、洋梨を始めとしたドライフルーツ類をふんだんに使う。パン生地も使うが、ドライフルーツに比べるとごく少量で、つなぎ程度。薄く切ってワインと共に味わうと美味。

ベラヴェッカ

パネットーネ

イタリアのクリスマスといえばこれ

材料（パネットーネカップ 大1個分または小6個分）

◆中種生地
A 強力粉 … 120g
　ドライイースト … 6g
　砂糖 … 20g
　ぬるま湯 … 80mℓ

◆本ごね生地
B 強力粉 … 80g
　砂糖 … 20g
　塩 … 3g
　ハチミツ … 10g
　卵黄 … 2個
　牛乳 … 20mℓ

バター（常温）… 50g
ミックスドライフルーツのラム酒漬け（市販）
　… 100g
サラダ油、溶き卵 … 各適量

作り方

1　中種生地を作る。ボウルにAを入れて3分ほどゴムベラで混ぜ、ラップをし、オーブンの発酵機能などを使って30℃の場所に1時間半～2時間おいて発酵させる。2倍ほどに膨らめばOK。

2　本ごね生地を作る。別のボウルにBと中種生地を入れてカードでよく混ぜる。こね台に移し、粘りが出るまで手でよくこねる。

3　生地がなめらかになったらバターを入れ、さらによくこねる。粘りが出て薄い膜のようにのばせるようになったらOK。生地の温度が26℃以上にならないように注意する。

4　ドライフルーツのラム酒漬けを加えて混ぜる。サラダ油を薄く塗ったボウルに丸めて入れ、ラップをし、オーブンの発酵機能などを使って30℃の場所に1時間おいて一次発酵させる。

5　生地を取り出して丸め直し（小カップの場合は6分割して丸め直す）、固く絞ったぬれぶきんをかけ、10分休ませる（ベンチタイム）。

6　5を再度、丸め直してカップに入れる。ラップをして35℃の場所に約30分おいて二次発酵させる。

7　溶き卵を表面にぬり、ナイフで十字に切り目を入れる。170℃に予熱したオーブンで約20分（小カップの場合は13分）焼く。

ベラヴェッカ

ドライフルーツのリッチな味がやみつきに

材料（4本分）

◆パン生地
A 強力粉 … 80g
　ドライイースト … 1g
　砂糖・塩 … 各1g
水（28℃くらい）… 50mℓ

◆ドライフルーツ類
ポワール＜洋梨＞、レーズン … 各80g
プルーン、アプリコット、イチジク、
　オレンジピール … 各60g
ドレンチェリー（赤・緑）… 合わせて20g
キルシュ … 30mℓ

◆スパイス類
シナモン、ナツメグ、クローブ、ジンジャー、
　粗びき黒こしょう … 各適量

アーモンドスライス … 50g
アーモンド（ロースト）… 適量
ドレンチェリー（赤・緑）… 各適量
B シロップ※ … 60mℓ
　キルシュ … 5mℓ
※グラニュー糖30gと水30gを煮溶かして冷ましたもの

作り方

1　パン生地を作る。ボウルにAを入れて手でよく混ぜ、水を加えて混ぜ合わせる。そのまま粘りが出るまでよくこねる。

2　1を丸めてラップをかけ、オーブンの発酵機能などを使って30℃の場所に45分～60分おいて一次醗酵させる。

3　ドライフルーツ類はドレンチェリーは半分に切り、それ以外は1cm角に切ってすべて合わせ、キルシュを加えて混ぜる。2、スパイス類、アーモンドスライスを加えてパン生地の色が変わるまでもみ込む。

4　3を4分割（約140gずつ）し、手に水をつけながら丸めてコッペパン状に成形し、天板にのせる。

5　アーモンド、半分に切ったドレンチェリーを表面に押し込む。ラップはせず、そのまま常温に約1時間おいて二次醗酵させる。

6　150℃に予熱したオーブンで50～60分焼く。混ぜ合わせたBを全体に塗る。

107

クリスマスまでにひと切れずつ楽しむ
シュトレン

材料（3本分）

◆ 予備発酵
A ぬるま湯 … 40ml
　ドライイースト … 8g
　砂糖 … 1g

◆ パン生地
B 準強力粉 … 200g
　砂糖 … 30g
　塩 … 2g
　ローマジパン … 10g
　バター（常温） … 60g
　ショートニング … 20g
　卵 … 20g
　牛乳 … 30g
　シナモン … 1g
　ナツメグ … 1g
　クローブ … 少々

ミックスドライフルーツの
　ラム酒漬け（市販） … 120g
アーモンド（ロースト） … 40g
くるみ … 20g
ローマジパン … 90g
溶かしバター … 30g
グラニュー糖 … 適量
粉砂糖 … 適量

作り方

1　Aは混ぜ合わせ、オーブンの発酵機能などを使って30℃の場所に15分おいて予備発酵させる。

2　ボウルにB、1を入れ、よく混ぜ合わせる。生地がボウルにつかなくなったら、ドライフルーツのラム酒漬け、刻んだアーモンドとくるみを加えて混ぜる。

3　ボウルにラップをかけ、30℃の場所に約1時間おいて一次醗酵させる。

4　3等分に切って丸め、ぬれふきんをかけて20分休ませる（ベンチタイム）。

5　それぞれの生地を麺棒で12×16cmの縦長にのばす。手前1/3を折り、その上に棒状にしたローマジパンを1/3量ずつのせ、向こう側の生地を手前に折る（三つ折り）。左右の端を軽く押さえる。

6　天板にのせてラップをかけ、30℃の場所に約20分おいて二次醗酵させる。

7　180℃に予熱したオーブンで約20分焼く。

8　焼き上がったらすぐに溶かしバターを表面に塗り、粗熱がとれたらグラニュー糖をまぶす。

9　完全に冷めたら粉砂糖をたっぷりふり、ラップで包んで常温で1週間ほど熟成させる。1〜1.5cmにスライスして食べる。カットしたら早めに食べきる。

<Story>

シュトレン【Stollen（独）】：ドイツやオーストリアなど主にゲルマン系の国々で親しまれているクリスマスの伝統菓子。独特の形はキリスト生誕の際のおくるみや揺りかごの形を模したもので、粉砂糖は生誕の日の雪を表しているという説も。クリスマスの4週間前から少しずつ切って食べる。焼き立てよりも1週間ほど熟成させたほうが美味。

12月の聖ニコラの日に食べる人型パン

マナラ

材料（9個分）

◆ マナラ生地

A 強力粉 … 240g
　ドライイースト … 6g
　砂糖 … 30g
　塩 … 4g
　スキムミルク … 25g
　卵 … 60g
水 … 108g
バター … 60g

ラムレーズン … 70g
溶き卵 … 適量

作り方

1. 上記マナラ生地の材料を使い、p140丸パン生地の作り方1〜3を参照してこねる。
2. レーズンを加えて丸め、薄くバター（分量外）を塗ったボウルに入れてラップをし、オーブンの発酵機能などを使って30℃の場所に50分おいて一次発酵させる。
3. 9分割（約60g）して丸める。天板などに置いてラップをかけ、15分休ませる（ベンチタイム）。
4. 頭、足、手の部分を作る。生地を細長く丸め、頭は首の部分を押さえ、手足はナイフで切り込みを入れて形作る。
5. 天板にのせ、35℃の場所に20〜25分おいて二次発酵させる。
6. 溶き卵を塗り、180℃に予熱したオーブンで約10分焼く。

※1〜2の工程はホームベーカリーの「生地作りコース」で行ってもよい。マナラ生地の材料をセットし、具材投入ブザーが鳴ったらレーズンを加え、一次発酵まで終わらせる。

＜Story＞

マナラ【manele（仏）】：12月の第一日曜日にベルギーやフランスのアルザスで、子供の守護聖人「聖（サン・）ニコラ」の日のお祝いとして食べるパン。聖ニコラはサンタクロースのモデルといわれている。ブリオッシュ生地の人型パンで、アルザスではココアと一緒に食べる。

アペリティフが素敵に盛り上がる
スタイリングのヒントⅡ

かわいらしくて見た目もカラフルなおやつやデザートは、
透けて見えるジャーやガラス製のアイテムが好相性。愛らしさが引き立ちます。

― idée ―
1
保存がきくものは
ジャーのまま出しても

クリアなジャーに料理を詰めてそのままテーブルへ。ミニサイズに1人前ずつ入れてもかわいい。透けるので、色がきれいなデザートを入れるのがおすすめ。器に盛り直す必要がないので、当日も楽です。

― idée ―
2
グラスにお皿を重ねて
脚付き皿の代わりに

安定感のあるグラスにお皿を重ね、脚付き皿のように使うアイデア。高さが出ることで見た目に変化がつきます。グラスの中にお花や木の実、ハーブを入れて季節感を出しても。

お菓子・デザート

Chapitre 4.

Gâteaux et Desserts

お菓子やデザートをつまみながら
アフタヌーンティーのように
アペリティフを楽しむのもひとつの方法。
お酒やノンアルコールドリンクを合わせて
素敵な午後のひとときを過ごして。

スパイスとハチミツがたっぷり
パン・デピス

材料（高さ4×幅7×長さ18cmのパウンド型＜小＞2本分）

A ハチミツ … 150g
　バター … 40g
　塩 … ひとつまみ
卵 … 1個
ブラウンシュガー … 50g
B 準強力粉 … 110g
　ライ麦粉 … 50g
　ベーキングパウダー … 10g
　パンデピス用ミックススパイス … 10g

下準備

- 型にオーブンペーパーを敷いておく。
- オーブンを170℃に予熱しておく。

作り方

1. 鍋にAを入れて弱火にかけ、バターを溶かす。人肌まで冷ます。
2. ボウルに卵を溶きほぐし、ブラウンシュガーを加えて泡立て器で混ぜる。1を少しずつ加えて混ぜ、ふるったBを入れて混ぜる。
3. 型に流し入れ、170℃に予熱したオーブンで約40分焼く。

＜Story＞

パン・デピス【pan d'épice(仏)】:訳すと「スパイスを使ったパン（ここではお菓子の意）」。小麦粉とハチミツ、各種のスパイスを混ぜて作る。パウンドケーキのように焼くほか、平たくクッキー状に焼くタイプも。発祥は10世紀頃の中国の軍隊の保存食で、それがモンゴルを経て中東に伝わり、十字軍を通じてヨーロッパに伝わったという。

定番のお菓子をかわいいミニサイズに

マドレネット ＜小型マドレーヌ＞

材料（ミニマドレーヌ型15〜20個分）

卵 … 1個　　　　**A** 薄力粉 … 50g
砂糖 … 50g　　　　｜ベーキングパウダー … 0.8g
塩 … 少々　　　　バター … 50g
　　　　　　　　　レモン果汁 … 小さじ1

下準備

・型にバター（分量外）を塗っておく。
・オーブンを180℃に予熱しておく。

作り方

1 ボウルに卵を溶きほぐし、砂糖、塩を加えて混ぜる。
2 **A**は合わせて**1**にふるい入れ、泡立て器で混ぜ合わせる。
3 バターは湯せんで40℃ほどに溶かし、**1**に加える。続いてレモン果汁も入れて混ぜ合わせる。
4 型に流し入れ、180℃のオーブンで約8分焼く。

＜Story＞
マドレネット【madeleinette(仏)】：フランス語で"〜の小さいもの"を意味するetteをマドレーヌにつけてマドレネット、つまり小型マドレーヌの意味。マドレーヌは貝殻の形に焼く、フランス発祥のバターケーキの一種。

焦がしバターとアーモンドが味の決め手

フィナンシエ

材料（フィナンシエ型8個分）

バター … 90g　　　**A** アーモンドプードル … 35g
卵白 … 90g　　　　｜薄力粉 … 35g
砂糖 … 70g　　　　バニラオイル … 少々

下準備

・型にバターを薄く塗り、強力粉（ともに分量外）をふっておく。

作り方

1 焦がしバターを作る。小鍋にバターを入れて弱火にかけ、泡立て器で混ぜながらきつね色になるまで熱する。鍋底を水に2〜3秒当てて温度上昇を防ぎ、茶こしで漉す。
2 ボウルに卵白と砂糖を入れて泡立て器で混ぜ、ふるった**A**を加えて混ぜ合わせる。**1**、バニラオイルを加えて混ぜる。
3 型に流し入れ、160℃に予熱したオーブンで約15分焼く。

＜Story＞
フィナンシエ【financier(仏)】：19世紀後半、パリの製菓人ラヌが、近所にある証券取引所の金融家＝フィナンシエたちが手を汚さずに食べられるように考案した。

おしゃれに仕上げてテーブルの人気者に
ブルーベリーと
ヨーグルトのムース

材料 （70mlの容器10個分）

ブルーベリー（缶詰・シロップ漬け）… 90g
プレーンヨーグルト … 70g
砂糖 … 30g
レモン果汁 … 小さじ2
A　粉ゼラチン … 5g
　　水 … 25ml
B　生クリーム … 110ml
　　ブランデー … 小さじ2
C　生クリーム … 60ml
　　砂糖 … 小さじ1
　　ブランデー … 小さじ1
ブルーベリー、ミント … 各適量

下準備

・Aは耐熱容器に入れて混ぜ、ふやかしておく。

作り方

1　ブルーベリーは缶汁をきり、ハンドブレンダーなどにかけてピューレにする。ボウルに入れ、ヨーグルト、砂糖、レモン果汁を加えて混ぜ合わせる。

2　ふやかしたAを電子レンジで溶かし、1に加えて混ぜる。ボウルの底を氷水に当てながらゴムベラで混ぜ、とろみをつける。

3　別のボウルにBを入れ、底を氷水に当てながら泡立て器で混ぜ、八分立てにする。2に加えて混ぜ合わせる。

4　器に流し入れ、冷蔵庫で2時間冷やし固める。

5　Cは合わせて八分立てにし、4の上に小さく絞る。ブルーベリーとミントを飾る。

<Story>

ムース【mousse(仏)】：p23参照。デザートのムースは、メレンゲや泡立てた生クリームを主体にフルーツピューレやチョコレートなどを加えたもの。気泡の力で形をキープさせるが、テイクアウト用は保形性を強めるために1～1.5%のゼラチンを混ぜる場合がある。

2〜3日寝かせると味がなじんで美味

フルーツケーキ

材料（高さ6.5×幅4.5×長さ23cmのスリムパウンド型1本分）

バター（常温）… 50g
粉砂糖 … 50g
溶き卵 … 30g
アーモンドプードル … 50g
ミックスドライフルーツの
　ラム酒漬け（市販）… 70g
A 卵白 … 30g
　グラニュー糖 … 15g
　塩 … 少々
B 強力粉 … 15g
　薄力粉 … 20g
ナッツ（クルミ、ピスタチオ、アーモンドスライス）
　… 適量
仕上げ用のラム酒 … 適量

下準備

・型にオーブンペーパーを敷いておく。
・オーブンを170℃に予熱しておく。

作り方

1　ボウルにバターと粉砂糖を入れ、白っぽくなるまで泡立て器ですり混ぜる。

2　1に溶き卵を3回に分けて加え、そのつどよく混ぜ合わせる。アーモンドプードルを入れて混ぜ、ドライフルーツのラム酒漬けを加える。

3　別のボウルに**A**を入れてハンドミキサーでメレンゲを作り、一部を**2**に加えて混ぜる。ふるった**B**を加えてゴムベラで混ぜ、残りのメレンゲを加えて手早く混ぜる。

4　型に流し入れてナッツを散らし、170℃に予熱したオーブンで約30分焼く、型から出し、熱いうちにラム酒を塗る。

<Story>

フルーツケーキ【fruit cake（英）】：イギリスの伝統的な菓子。数種のドライフルーツをラム酒やブランデーなどに漬け込み、それをバターケーキの生地に混ぜて焼く。漬け込んだドライフルーツが入っていれば一般的にフルーツケーキと呼ばれ、配合が多少異なっていてもこの仲間とされている。

女王様が愛したイギリスの国民的ケーキ
ビクトリア サンドイッチケーキ

材料（直径18cmの丸型1台分）

バター … 120g
A 薄力粉 … 120g
　ベーキングパウダー … 小さじ1
卵 … 120g
砂糖 … 120g
牛乳 … 30ml
ラズベリージャム … 適量

下準備

- バター、卵、牛乳は室温にもどしておく。
- Aは合わせてふるっておく。
- 型にバターを塗り、薄力粉（ともに分量外）を薄くはたいておく。
- オーブンは170℃に予熱しておく。

作り方

1 ボウルにバターを入れ、ふるったAを数回に分けて加え、泡立て器で混ぜ合わせる。

2 別のボウルに卵と砂糖を入れ、泡立て器でふんわりとするまで泡立て、牛乳を加える。

3 1に2を3～4回に分けて加え、泡立て器で混ぜ合わせる。

4 型に入れ、170℃のオーブンで約20分焼く。型から出して冷ます。

5 横半分に切り、間にラズベリージャムを塗ってはさむ。

<Story>

ビクトリア サンドイッチケーキ【Victria sandwich cake（英）】：19世紀のイギリスで、夫アルバート公の急逝で悲しみに暮れたビクトリア女王を慰めるために作られたケーキ。スポンジケーキにジャムをはさんだだけのシンプルなおいしさで、現在でもイギリス人に愛されている。

いくらでもいける軽い口当たり
りんごバター&クラッカー

<Story>
クラッカー【cracker（英、米）】：パンと菓子の中間に位置付けされる塩味のビスケットの一種。砕けるという意味の英語「クラック」が語源で、近年はスナック菓子として捉えられている。アメリカではビスケットをクラッカーと呼ぶことも多い。

◎ りんごバター

材料（作りやすい分量）

A りんご … 250g（正味)
　グラニュー糖 … 100g
レモン果汁 … 小さじ2
白ワイン … 大さじ2
バター … 30g
ブランデー … 小さじ2
塩 … 少々

下準備
・Aのりんごは皮と種を除いて薄切りにし、グラニュー糖をまぶして水分が出るまでおく。

作り方

1 鍋にAを出てきた水分ごと入れ、レモン果汁、白ワインを加えて火にかける。沸騰したら弱火にし、水分がほとんどなくなるまで、焦げないように混ぜながら20分ほど煮る。

2 ボウルに移し、40～35℃まで冷めたら、バター、ブランデー、塩を加え、ハンドブレンダーなどにかけてペースト状にする。

◎ クラッカー

材料（作りやすい分量）

バター … 35g
ショートニング … 15g
A 薄力粉 … 100g
　ベーキングパウダー … 小さじ1
　粉砂糖 … 5g
　トレハロース … 2g
　塩 … 小さじ1/3
冷水 … 30mℓ

下準備
・バターは1cm角に切り、ショートニングとともに使う直前まで冷凍庫で冷やしておく。

作り方

1 フードプロセッサーにAを入れ、2～3秒攪拌する。冷やしたバターとショートニングを入れて回し、さらさらした状態にする。

2 冷水を加えてさらに回し、そぼろ状にする。ボウルに取り出してひとまとめにする。

3 25×30cmほどの保存用ビニール袋に入れ、袋の上から麺棒で15×25cmにのばす。冷凍庫に入れ、10～15分冷やす。

4 袋から取り出し、抜き型やナイフで、好みの形・サイズにカットする。天板にのせ、好みで竹串で数カ所、穴をあける。

5 160℃に予熱したオーブンで約15分焼く。

チーズにのせて甘×しょっぱを楽しんで
コンフィテュール3種

パイナップルと
ハーブのコンフィテュール

ドライフルーツの
コンフィテュール

キウイとりんごの
コンフィテュール

\<Story\>

コンフィテュール
【confiture(仏)】：フランス語で砂糖を加えて煮詰めた果実類のことで、英語のジャムまたはプリザーヴと同じ。プリザーヴは比較的、果肉を残したものをいう。語源はフランス語のコンフィ(糖液などに浸して保存性を高めた食品の総称)。

◎ キウイとりんごの コンフィテュール

材料 （作りやすい分量）

キウイフルーツ … 3個
りんご … 1/2個
グラニュー糖
　… キウイとりんご（正味）の60％
レモン果汁 … 大さじ1
ブランデー … 小さじ2

作り方

1 キウイフルーツは皮をむき、フードプロセッサーで細かくする。りんごは皮と芯を除き、すりおろす。合わせて計量し、全体の60％の量のグラニュー糖を用意する。

2 鍋に1、レモン果汁を入れてよく混ぜ、強火にかける。沸騰したら中火にし、時々アクを取り除きながら煮る。

3 ツヤが出てきたら火を止め、ブランデーを加える。冷めたら清潔なビンに移してフタをし、冷蔵庫で保存する。

◎ パイナップルとハーブのコンフィテュール

材料 （作りやすい分量）

パイナップル … 300g（正味）
A グラニュー糖 … 150g
　　レモン果汁 … 大さじ1
　　レモングラス … 2本
ラベンダー … 1g

作り方

1 パイナップルは皮をむき、フードプロセッサーで細かくする。

2 鍋に移し、**A**を加えて混ぜる。時々アクを取り除きながら中火で煮る。

3 ツヤが出てきたら火を止め、ラベンダーを加える。冷めたら清潔なビンに移してフタをし、冷蔵庫で保存する。

◎ ドライフルーツのコンフィテュール

材料 （作りやすい分量）

A りんご … 1/2個
　　グラニュー糖 … 30g
　　白ワイン … 50ml
　　水 … 大さじ2
B レーズン … 50g
　　オレンジピール（みじん切り）… 50g
　　プルーン（みじん切り）… 50g
　　ドライイチジク（みじん切り）… 50g
C シナモン … 1本
　　クローブ … 1個
　　カルダモン（つぶす）… 1個
ナツメグパウダー … 0.3g
ジンジャーパウダー … 0.5g

作り方

1 **A**のりんごは皮と芯を除いてすりおろし、ほかの材料とともに小鍋に入れて煮立て、中火で2～3分煮る。

2 **B**、ガーゼに包んだ**C**を加え、混ぜながら強火で3分煮る。ツヤが出てきたら火を止め、ナツメグパウダーとジンジャーパウダーを加える。

3 冷めたらスパイスごと清潔なビンに移してフタをし、冷蔵庫で保存する。

仕上げにひいた黒こしょうがアクセント
黒ビールのギモーヴ

材料（18×15cmの流し缶1台分）

A 黒ビール … 45g
　グラニュー糖 … 40g
　転化糖 … 25g
　トレハロース … 10g
B 粉ゼラチン … 7g
　水 … 35g
　転化糖 … 40g
粗びき黒こしょう … 適量
溶けない粉砂糖 … 適量

下準備

- 流し缶にオーブンペーパーを敷き、溶けない粉砂糖を底にふっておく。

作り方

1 耐熱容器にBの粉ゼラチンと水を入れてふやかし、電子レンジで溶かす。大きめのボウルに移し、転化糖を加える。

2 鍋にAを入れて火にかけ、110℃になるまで煮詰める。1に加え、熱が冷めるまでハンドミキサーで高速で泡立てる。

3 流し缶に入れて黒こしょうをふり、冷蔵庫で冷やし固める。

4 まな板に溶けない粉砂糖を広げ、生地を取り出し、3cm角に切る。密閉容器に入れて冷蔵保存する。

<Story>

ギモーヴ【guimauve(仏)】：フランスでいうマシュマロのこと。ギモーヴもマシュマロももともと澱粉として使われていた植物、ウスベニタチアオイをそれぞれフランス語、英語にしたもの。一般にマシュマロはフレーバーで香りをつけることが多いが、ギモーヴはフルーツの果汁を多用した天然の香味が特徴。

黒糖としょうゆでコクのある味わいに

マーラーカオ

材料
(直径3cmのミニシリコンカップ16個分)

- 卵 … 2個
- 黒糖（粉末状）… 100g
- サラダ油 … 40g
- しょうゆ … 小さじ1
- バニラオイル … 少々
- 牛乳 … 大さじ2
- **A** 薄力粉 … 100g
- 重曹 … 小さじ1/4
- ベーキングパウダー … 小さじ1と1/2
- クコの実 … 適宜

下準備

- 卵、牛乳は常温にもどしておく
- 黒糖はふるっておく。
- **A**は合わせてふるっておく。
- ミニシリコンカップにグラシンケースを敷いておく。

作り方

1. ボウルに卵を溶きほぐし、黒糖を混ぜる（溶けにくいようなら湯せんにかける）。サラダ油、しょうゆ、バニラオイルを加えて混ぜる。
2. 半量の牛乳、半量の**A**を加えて混ぜてから、残りの牛乳と**A**を加える。
3. 2をミニシリコンカップに入れ、クコの実をのせる。
4. 蒸気が上がった蒸し器に入れ、15〜20分蒸す。

<Story>

マーラーカオ【馬拉糕(中)】：マーラー（馬拉）は中国語で「日に焼けたような肌色のマレー人」の意味で、黒糖によってほんのりと色づく様子がその由来と思われる。カオ(糕)は「カステラのようなもの」の意。どこか懐かしい香りがするお菓子。

琥珀色の和菓子を洋酒アレンジで

グラン マルニエの琥珀寒

材料（8個分）

◆ フィリング
ドライあんず … 2個
グラン マルニエ … 小さじ1
大納言の甘納豆 … 8粒
白いんげん豆の甘納豆 … 8粒

◆ 寒天液
粉寒天 … 3g
水 … 120mℓ
A グラニュー糖 … 70g
　トレハロース … 10g
　水あめ … 70g
グラン マルニエ … 大さじ2
レモン果汁 … 小さじ1

作り方

1　フィリングを用意する。ドライあんずは耐熱容器に入れて水小さじ2をふり、ラップをして600Wの電子レンジで30秒加熱し、そのまま冷ます。水気を拭き、グラン マルニエをふって10分おき、4等分に切る。

2　甘納豆2種は、まわりの砂糖を洗い流し、水気をきる。

3　寒天液を作る。鍋に粉寒天と水を入れて沸騰させ、Aを加えて混ぜる。再度沸騰したら火を止め、そのまま粗熱をとる。

4　3にグラン マルニエとレモン果汁を加えて混ぜる。

5　小さなカップを8個用意し、ラップを大きめに切って広げる。寒天液、あんず、甘納豆を入れて茶巾しぼりにし、口をゴムでしっかりと閉じる。

6　氷水に入れ、冷やし固める。

\<Story\>

琥珀寒【こはくかん】：寒天、砂糖、水を煮詰めて固めた和菓子。透明感のあるキラキラとした様子から「錦玉寒」とも呼ばれるが、そのなかでも琥珀のような色のものを琥珀寒という。寒天は和菓子によく使われる凝固剤で、原材料は海草。ゼラチンとはまた違った食感が楽しめる。

噛むと中からお酒入りのシロップがじゅわっ

ボンボン・ア・ラ・リキュール

材料（22×30cmのバット1枚分）

コーンスターチ … 300～500g
A グラニュー糖 … 125g
　水 … 40mℓ
キルシュ … 40mℓ

作り方

1　コーンスターチは30～35℃に温めたオーブンに1時間以上入れて乾燥させる。

2　1をふるい、22×30cmのバットに敷き詰め（残りはとっておく）、パレットナイフで平らにならす。十分な間隔をあけて好みの型を押し当て、くぼみをつける【a】。40℃のオーブンに入れて保温しておく。

3　シロップを作る。鍋にAを入れてゴムベラで混ぜ合わせ、火にかけて118℃まで煮詰める。火から下ろし、鍋底を水に2～3秒当てて温度上昇を防ぐ。

4　3にキルシュを入れ、かき混ぜずにそのままボウルに移し替え、再び鍋に戻す。同様にしてボウル⇔鍋を4往復させる。【b】。

5　2のくぼみの中にシロップを流し入れる【c】。表面に、残しておいたコーンスターチの半量を茶こしでふり【d】、4～5時間おく。

6　表面に薄い糖膜ができたらフォークで裏返し、上に残り半量のコーンスターチをふり、一晩おく。

7　表面が固まったら取り出し、刷毛でコーンスターチを払い落とす。

くぼみは、深みのある直径2cmほどのプチフール用の型、計量スプーンなどを使ってつけるとよい。

シロップはゴムベラなどで混ぜるとすぐ結晶化してしまうので、鍋とボウルを繰り返し移し替えて、シロップとキルシュを混ぜ合わせる。

口付きの計量カップや、レードルなどを使って、ふちギリギリまでシロップを流し込む。

残しておいたコーンスターチを、完全にシロップを覆って見えなくなるまでふる。

\<Story\>

ボンボン・ア・ラ・リキュール
【bonbon à la liqueur（仏）】：英語ではリキュール・ボンボン。リキュール入りのシロップを糖膜で閉じ込めた一口サイズの糖菓。使うシロップはある一定の糖度になるまでしっかり煮詰める必要があり、それ以下だと糖膜が薄く壊れやすくなる。

グラン マルニエの琥珀寒

ボンボン・ア・ラ・リキュール

上下逆さまに焼くりんごのタルト
タルト・タタン

材料
（直径4×高さ1.5cmのシリコン製ポンポネット型 8〜10個分）

練りパイ生地 <p139参照> … 1/2単位分
りんご … 2個
グラニュー糖 … 30g
バター … 30g
レモン汁 … 小さじ2
グラニュー糖 … 適宜

作り方
1. 練りパイ生地は麺棒で2mm厚さにのばして直径4cmの円形の抜き型で抜く。天板にのせてフォークでピケし、生地の上にもう1枚天板をのせ、180℃に予熱したオーブンで15分焼く。
2. りんごは皮をむいて一口大に切る。
3. フライパンにグラニュー糖を入れて火にかけ、きつね色に焦がす。バター、レモン汁の順に加えてそのつど混ぜ、りんごを加えて水気がなくなるまで強火で炒める。
4. 型にりんごをしっかり詰め、180℃に予熱したオーブンで約25分焼く。
5. 取り出し、りんごの上にパイ生地をのせ、粗熱がとれたら型ごと冷凍する。
6. 型から取り出す。焼きごてがあればグラニュー糖をふり、表面を焦がす。

\<Story\>
タルト・タタン【tarte Tatin (仏)】：りんごを詰めた上に、フイユタージュ（通称パイ生地）をかぶせて焼くフランスのお菓子。1888年、ホテルを営むタタン姉妹の失敗から生まれたもの。オーブンから出そうとした時に誤ってひっくり返した、またはパイ生地を敷き忘れ、慌ててりんごの上にかぶせて焼いたことから生まれたといわれている。

レモンの甘酸っぱい味がやみつき
バルケット・オ・シトロン

材料
（縦6.5×横2.5×高さ1cmの
プティフール用バルケット型8個分）

◆ クッキー生地
バター（常温）… 30g
粉砂糖 … 30g
塩 … ひとつまみ
溶き卵 … 15g
薄力粉 … 60g

◆ レモンクリーム
卵 … 1個
A 砂糖 … 50g
　コーンスターチ … 5g
レモン果汁 … 大さじ2
バター … 50g

作り方

1 クッキー生地を作る。バターに粉砂糖と塩を加え、泡立て器でふんわりとするまですり混ぜる。溶き卵を加えて混ぜ、薄力粉をふるい入れて混ぜる。

2 生地をひとまとめにし、保存袋に入れて冷蔵庫で30分ほど休ませる。

3 生地を麺棒で2mm厚さにのばして型に敷き込む。余分な生地は切り落とし、フォークでピケする。

4 重石をして170℃に予熱したオーブンで10分焼き、重石を外してさらに10分焼く。

5 レモンクリームを作る。鍋に卵、ともにふるった**A**を入れて混ぜ合わせ、レモン果汁を加える。火にかけ、沸騰したらバターを加えて溶かす。

6 タルト生地の中にレモンクリームを流し入れ、粗熱がとれたら冷蔵庫で冷やす。

<Story>
バルケット・オ・シトロン
【barquette au citron（仏）】：フランスで愛されているタルト・オ・シトロン（レモンタルト）を、小さな舟型（barquette）にアレンジしたもの。上にメレンゲをあしらってもよい。

\<Story\>
ベニェ【beignet(仏)】:英語でいうフリッターのことで、料理を含む衣揚げ全般を指す。お菓子ではここで紹介するフルーツを衣揚げしたもののほか、シュー種のみを揚げたスピール・ド・ノンヌという揚げ菓子や、ブリオッシュ種を揚げたヴィエノワなどもベニェの仲間。

ふんわり衣のフランスの揚げ菓子

りんごのベニェ

材料（作りやすい分量）

- 姫りんご…5〜6個
- **A** 薄力粉…40g
  - 砂糖…3g
  - 塩…少々
- **B** 卵黄…1個
  - ビール…25ml
  - 牛乳…15ml
  - サラダ油…8ml
- 卵白…1個
- 揚げ油…適量
- 粉砂糖、メープルシロップ…各適量

作り方

1. 衣を作る。大きめのボウルに**A**をふるい入れ、中央にくぼみを作る。
2. **1**のくぼみに**B**を入れ、はじめに**B**だけを泡立て器で混ぜ合わせてから、全体を混ぜ合わせる。
3. 別のボウルに卵白を入れ、ハンドミキサーで固めのメレンゲを作る。**2**に加え、ゴムベラで切るようにして混ぜる。
4. 姫りんごは皮をむき、1cm厚さの輪切りにする。芯の部分をナイフでくり抜く。
5. 姫りんごに衣をつけ、180℃の揚げ油で揚げる。粉砂糖をふり、メープルシロップを添える。

甘いごぼうとレモンの香りがマッチ
ごぼうのグラッセ

材料（作りやすい分量）

ごぼう … 1本
A 水 … 500ml
　レモン果汁 … 小さじ2
小麦粉 … 大さじ1
◆ シロップ
水 … 100ml
グラニュー糖 … 100g

レモンピール（市販）… 15g
レモンの表皮（すりおろしたもの）… 1/4個分

<Story>

グラッセ【glacé(仏)】：お菓子の表面にフォンダンまたはグラス・ア・ロー（アイシング）などをかけて、薄い膜を張らせたり覆ったりすること。マロン・グラッセもその一例。ムース・グラッセなど、本来の意味である「凍らせた」を表す使い方もある。

作り方

1 ごぼうは洗ってピーラーで薄く皮をむき、5mm幅の斜め切りにする。すぐに**A**とともに大きめの鍋に入れ、小麦粉をふるい入れて火にかける。沸騰したら弱火にし、40分ほどゆでる。

2 竹串がスッと通るようになったらザルに上げ、さっと洗って水気をきる。

3 シロップで煮る。鍋に水、1/3量のグラニュー糖を入れて沸騰させる。火から下ろしてごぼうを入れ、そのまま冷ます。

4 ごぼうをいったん取り出し、シロップに残りのグラニュー糖の半量を加えて沸騰させる。火から下ろしてごぼうを戻し、そのまま冷ます。これをもう一度繰り返す。

5 シロップをきり、ごぼうに刻んだレモンピールとレモンの表皮をまぶす。オーブン用の焼き網に並べ、100℃のオーブンで30分、乾燥させる。

童話の世界のようなかわいいプチケーキ
プティ・フール・グラッセ

材料 （16個分）

◆ バタークリーム
- 卵 … 1個
- グラニュー糖 … 60g
- 水 … 25mℓ
- バター（常温）… 100g
- ブランデー … 20mℓ

- スポンジ（市販・横5mm幅にスライス）… 2枚
- コーティングチョコレート（黒・白）… 各200g
- アーモンドスライス … 適量
- 食用色素（赤）… 少々

作り方

1. バタークリームを作る。ボウルに卵を入れてふんわりとするまで泡立てる。鍋にグラニュー糖と水を入れて火にかけ、118℃まで煮詰めたら、卵に少しずつ加えて混ぜ合わせる。
2. バターはクリーム状に練り、数回に分けて1に加えて混ぜ合わせる。ブランデーを加えて混ぜる。
3. スポンジは横5mm幅にスライスしておく。

◎ たぬき

4. スポンジを直径3.5cmの円形の抜き型で8個抜く。
5. 絞り袋に口径10mmの丸口金をつけてバタークリームを入れ、スポンジの上にドーム状に絞る。アーモンドスライスを2枚ずつ差し込んで耳にし、冷蔵庫で冷やし固める。
6. 網にのせ、コーティングチョコレート（黒）を湯せんで溶かして5の上からかけ、固まる前に指でつまんで顔を作る。
7. オーブンペーパーでコルネを作ってバタークリームを入れ、目を小さく絞る。同様にコーティングチョコレートを絞って瞳をつける。

手前に向かってチョコレートをつまんで除く。下に現われる白いバタークリームがたぬきの顔になる。

◎ うさぎ

4. スポンジは3.5×2cmの長方形に切る。8枚作る。
5. 胴体を絞る。絞り袋に口径10mmの丸口金をつけてバタークリームを入れ、横にしずく型に絞る。
6. 頭と尻尾を絞る。しずくの尖った方に直径1.5cmの球状に絞って頭にし、しずくの丸い方に小さく丸を絞って尻尾にする。
7. アーモンドスライスを縦半分に切って頭に差し込み、耳にする。冷蔵庫で冷やし固める。
8. 網にのせ、コーティングチョコレート（白）を湯せんで溶かして7の上からかける。
9. オーブンペーパーで作ったコルネに、残ったバタークリームを入れ、頭に目を小さく絞る。同様に、黒いコーティングチョコレートで瞳をつける。白いコーティングチョコレートに、水少々で溶いた食用色素を加えてピンクに着色し、鼻を絞る。

<Story>

プティ・フール【petits fours（仏）】：プティは「小さい」、フールは「オーブン」のこと。つまり"オーブンで焼いた小さなもの"を意味するフランス菓子。現在では焼き菓子以外のものも含めた一口菓子全般を指す。グラッセの意味はp127参照。

色鮮やかなフルーツを使って
フリュイ・デギゼ

<Story>
フリュイ・デギゼ【fruit déguisée(仏)】：果実の砂糖がけ。デギゼとは「変装した」の意味で、"姿を変えたフルーツ"という名の一口菓子。2通りの作り方があり、フルーツやマジパン類を煮詰めた飴でコーティングしたものと、マジパンにフルーツやナッツ類をあしらい、砂糖の結晶で包んだものがある。

材料（20個分）

A グラニュー糖 … 250g
　水あめ … 75g
　水 … 50mℓ
いちご … 10個
マスカット … 10個

作り方

1　鍋にAを入れて火にかけ、150℃まで煮詰める。
2　鍋底を水に2～3秒当て、温度上昇を防ぐ。
3　オーブンペーパーを大きめに広げておく。果物のヘタのほうに竹串を刺して2をつけ、やけどしないように注意しながらペーパーの上にのせ、竹串を抜き、飴を固める。

おもてなしの締めのデザートに最適

ウ・ア・ラ・ネージュ

<Story>
ウ・ア・ラ・ネージュ【œufs à la neige(仏)】：「雪のように整えた卵」という意味のフランス菓子。卵白の軽くふんわりとした性質を利用した上品なデザートで、ソース・アングレーズ（カスタードソース）に浮かべて供する。仕上げに飴を糸状にたらす場合もある。

材料（4人分）

◆ メレンゲ
卵白 … 60g
グラニュー糖 … 50g
レモン果汁 … 少々

◆ ソース・アングレーズ
卵黄 … 2個
砂糖 … 30g
牛乳 … 200mℓ
ブランデー … 大さじ1
バニラエッセンス … 少々

作り方

1 ボウルに卵白、グラニュー糖、レモン果汁を入れ、ハンドミキサーで固めのメレンゲを作る。

2 広口の鍋かフライパンに水を入れ、弱火にかける。ふつふつと沸いてきたら、メレンゲをスプーンで直径3～4cmに丸く作り、湯に落とす。

3 ふつふつと沸いた状態をキープしながら、両面を2～3分ずつゆでる。網ですくってキッチンペーパーの上に取り出し、冷蔵庫で冷やす。

4 ソース・アングレーズを作る。ボウルに卵黄、砂糖を入れ、白っぽくなるまで泡立て器ですり混ぜる。温めた牛乳を加える。

5 4を鍋に移して弱火にかけ、混ぜながらとろみをつける。沸騰直前に火を止め、ブランデーとバニラエッセンスを加える。

6 器にソース・アングレーズを注ぎ、メレンゲを浮かべる。

さくさく食感の塩味のおつまみ
プティ・フール・サレ 2種

\<Story\>
プティ・フール・サレ【petit four salé (仏)】：塩味の小さな一口菓子。プティ・フールとは「オーブンで焼いた小さなもの」、サレとは「塩入りの」という意味。オードブルなどに出すちょっとした塩味のおつまみで、和食でいう突き出しのようなもの。

◎ チーズ味

材 料（直径4cmのタルトレット型10個分）

練りパイ生地 \<p139参照\> … 1単位分
溶き卵 … 適量
A 卵 … 1個
　ピザ用シュレッドチーズ … 30g
　プロセスチーズ（角切り）… 15g
　塩、こしょう … 各適量

作り方

1. 練りパイ生地は麺棒で2mm厚さにのばし、型に敷き込む。余分な生地は切り落とし、フォークでピケする。
2. 重石をのせて180℃に予熱したオーブンで10分焼く。取り出し、内側に溶き卵を薄く塗る。
3. ボウルにAを入れて混ぜ、2に流す。170℃のオーブンで約10分焼く。

◎ アンチョビ入りクロワッサン風

材 料（8個分）

練りパイ生地 \<p139参照\> … 1/2単位分
アンチョビ（フィレ）… 8切れ
溶き卵 … 適量
スライスアーモンド … 適量

作り方

1. 練りパイ生地は麺棒で3mm厚さにのばし、底辺4cm、高さ10cmの二等辺三角形に切る。
2. 底辺にアンチョビ適量をのせ、芯にして生地を巻く。カーブを付けてクロワッサン形にする。
3. 表面に溶き卵を塗り、スライスアーモンドをのせ、180℃に予熱したオーブンで約18分焼く。

トルコのチーズ入りスナック
シガラボレイ

材料（8本分）

カッテージチーズ…200g
パセリ（みじん切り）…小さじ1
塩…1g
卵…30g
春巻きの皮…8枚
溶き卵…適量
揚げ油…適量

作り方

1. ボウルにカッテージチーズ、パセリ、塩を入れて混ぜ、卵を加えて混ぜ合わせる。
2. 春巻きの皮に1/8量ずつのせ、手前を折り、左右を折り込んでから巻く（あまりきつく巻かない方がサクッと仕上がる）。巻き終わりに溶き卵を薄く塗り、閉じる。
3. 180℃の揚げ油でキツネ色に揚げる。

<Story>

シガラボレイ【sigara böreği（土）】：春巻きのようなトルコのお菓子。シガラはタバコの意味で、形が葉巻に似ていることから。ボレイは薄い小麦粉生地を使ったパイ料理、ボレッキの複数形。本場ではパータ・フィロを使うが、ここでは春巻きの皮で代用。マッシュポテトなどほかの具を包むこともある。

ねじって焼くだけの手軽さが魅力
サクリスタン

材料（8本分）
練りパイ生地<p139参照>…1単位分
卵黄…1個分
七味唐辛子、粗びき黒こしょう、塩…各適量

<Story>
サクリスタン【sacristain(仏)】：細長いフイユタージュ（通称パイ生地）をねじって焼いたお菓子。「堂守」「聖堂係」の意味で、教会にある燭台の下方のねじれた部分に似ていることから。グラニュー糖や刻みアーモンドをまぶしたものが一般的だが、粉チーズ入りなどアレンジも多彩。

作り方
1 練りパイ生地は3〜4mm厚さにのばし、1.5cm幅に細長く切る。
2 卵黄は水小さじ1で溶き、1の表面に刷毛で塗り、七味唐辛子、黒こしょう、塩をまぶしつける。
3 両端を持ってねじり、天板にのせる。180℃に予熱したオーブンで約15分焼く。

亜麻仁クッキー

ナッツとチーズのアイスボックスクッキー

リーフパイ シュガー味

山椒のラング・ド・シャ

赤みそのラング・ド・シャ

リーフパイ ごま味

スーパーフードのヘルシーおやつ
亜麻仁クッキー

材料（直径6cm×24枚分）

バター（常温）…75g
グラニュー糖…25g
溶き卵…25g
塩…ひとつまみ
A 亜麻仁…30g
　オートミール…70g
　全粒粉…50g
　カレー粉…少々
　塩…適量

作り方

1. Aの亜麻仁はビニール袋に入れて麺棒で砕き、ほかのAの材料と混ぜ合わせておく。
2. ボウルにバターを入れてクリーム状に練り、グラニュー糖を加えて泡立て器で混ぜ合わせる。溶き卵、塩を加えて混ぜ、Aを加えて混ぜる。
3. 24等分して丸め、天板に並べる。ラップをのせ、コップの底などで押し、2mm厚さの円形にする。
4. 160～170℃に予熱したオーブンで約9分焼く。

\<Story\>

亜麻仁【アマニ】：α-リノレン酸を含み、食物繊維も多いことから昨今注目されている食材。手軽なオイルやパウダーもあるが、ホールより酸化しやすいため、少量ずつ買い早めに使い切ることが大切。このクッキーも酸化を考慮し、あえてパウダーではなくホールをつぶして使用している。

香ばしさと塩気がお酒とよく合う
ナッツとチーズのアイスボックスクッキー

材料（作りやすい分量）

バター（常温）…60g
粉砂糖…25g
塩…ひとつまみ
溶き卵…25g
薄力粉…120g
パルメザンチーズ（すりおろす）…30g
A アーモンド（ロースト）…40g
　クルミ（ロースト）…30g
　ピスタチオ（ロースト）…10粒

作り方

1. バターはクリーム状に練り、砂糖、塩を加え、泡立て器で混ぜ合わせる。
2. 溶き卵を2～3回に分けて加え、そのつどよく混ぜる。ふるった薄力粉、パルメザンチーズ、Aの順に加えて混ぜ合わせ、ひとまとまりにする。
3. ラップを広げて2を移し、縦8×横7×厚さ1.5cmの平たい四角形に形を整える。ラップで包み、冷蔵庫で1時間休ませる。
4. ラップを外して3mm幅にスライスする。天板に並べ、170℃に予熱したオーブンで約12分焼く。

\<Story\>

アイスボックス・クッキー【ice box coockies(米)】：生地をまとめて冷やし固め、好みの形や大きさに切り分けて焼くクッキーの総称。丸や四角にしたり、ココア入りの濃い色と白の組み合わせにしたり、フルーツやナッツを入れるなど、さまざまなものが楽しまれている。

じつは日本の味。飽きのこないおいしさ
リーフパイ2種 （シュガー味、ごま味）

材料 （10枚分）

練りパイ生地 <p139参照>
　…1単位分
グラニュー糖 … 適量
白炒りごま、黒炒りごま
　… 各適量
塩 … 少々

作り方

1. 練りパイ生地は麺棒で4mm厚さにのばし、直径4cmの菊の抜き型で抜く。
2. シュガー味は、打ち粉の代わりにグラニュー糖を使い、まぶしながら、麺棒でパイ生地を8cm長さに細長くのばす。表面に包丁の背で葉脈の模様をつける。
3. ごま味は、白ごまと黒ごまを3:2の割合で混ぜ、塩を加えたものを打ち粉の代わりに使いながら、シュガー味と同様にパイ生地をのばし、葉脈の模様をつける。
4. 天板に並べ、フォークで数箇所穴をあける。170℃に予熱したオーブンで約15分焼く。

\<Story\>

【リーフパイ】：フイユタージュ（通称パイ生地）を薄くのばして木の葉形に成形し、表面に葉脈を模した筋をつけて焼いた日本独特の菓子。グラニュー糖をまぶしたもののほか、ごまや粉チーズをふった塩味のものもある。

山椒とみそ味でひとひねり
ラング・ド・シャ2種

◎山椒のラング・ド・シャ

材料 （作りやすい分量）

バター（常温）… 50g
粉砂糖 … 50g
バニラオイル … 少々
溶き卵 … 50g
薄力粉 … 50g
仁淀川山椒＊（ホール）
　… 5粒

＊高知県の仁淀川沿いで作られている香り高い山椒。

作り方

1. バターはクリーム状に練り、粉砂糖、バニラオイルを加えて混ぜ合わせる。
2. 溶き卵を少しずつ加えて混ぜ、ふるった薄力粉、砕いた山椒を加えて混ぜ合わせる。
3. 絞り袋に口径8mmの丸口金をつけて2を入れ、オーブンシートを敷いた天板に、やや押しつぶすようにして6cm長さに平らに絞る。
4. 160℃に予熱したオーブンに入れ、15秒ほどしたらすぐオーブンから出す。天板を数回叩きつけて生地を平らにし、再度オーブンに入れて7〜8分、ふちが薄く色づくまで焼く。

◎赤みそのラング・ド・シャ

材料 （作りやすい分量）

バター … 50g
粉砂糖 … 50g
バニラオイル … 少々
溶き卵 … 45g
薄力粉 … 50g
赤みそ … 5g

作り方

作り方は、左記の山椒のラング・ド・シャと同じ。山椒の代わりに赤みそを加える。

\<Story\>

ラング・ド・シャ
【langue de chat（仏）】：やわらかい生地種を丸口金で楕円に絞って焼いた薄いクッキー。名は「猫の舌」を意味し、薄い楕円形と表面のザラつきがそれを思わせることから。同じような形に作られた薄いチョコレートなどにも同様の名がつけられている。

基本の生地 ①

おつまみにもデザートにも
シュー生地

クセがない塩味のシュー生地は、小さく焼いて、中に好きな
フレーバーのクリームを詰めたり、外に生ハムなどを巻いたりと、
いろんな味わいのアミューズにアレンジできて便利。
もちろんデザートにも使えます。

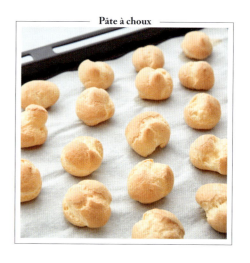
Pâte à choux

材料 （1単位分／直径2〜3cmのプチシュー25個分）

A 牛乳 … 25mℓ　　**B** 薄力粉 … 15g
　水 … 25mℓ　　　　　強力粉 … 10g
　塩 … ひとつまみ　　卵 … 1個
　バター … 15g

作り方

1 鍋にAを入れて火にかける。沸騰したら火を止め、ふるったBを入れてゴムベラで手早く混ぜ合わせる。

2 生地がひとかたまりになったら中火にかけ、混ぜながら火を通す。鍋底に薄い膜が張るようになったらボウルに取り出す。

3 溶き卵を数回に分けて加え、そのつどゴムベラで混ぜ合わせる。生地を持ち上げて、もったりと落ちる固さに調整する。

4 絞り袋に口径7mmの丸口金をつけて3を入れ、オーブンペーパーを敷いた天板に直径2cmに丸く絞る。絞り終わりが飛び出ていたら、指先で整える。

5 180℃に予熱したオーブンで約20分焼く。

基本の生地 ②

前菜からお菓子までいろいろ使える
練りパイ生地

最初に粉、バター、塩、水を練り合わせてから、
4つ折りして層を作る手軽なタイプ。粉とバターを混ぜる工程はフードプロセッサで行うと時短になります。前菜からお菓子まで、フィンガーフードに欠かせない生地です。

Pâte a brisée

材料 （1単位分）

A 薄力粉 … 70g
　強力粉 … 40g
　冷たいバター（1cm角に切る）
　　… 85g

塩 … 1.5g
水 … 約40mℓ
打ち粉（強力粉）
　… 適量

作り方

1 ボウルにAを入れ、カードでバターを小豆大に切る（フードプロセッサーで行い、ボウルに取り出してもよい）。

2 塩を溶かした水を少しずつ加え、カードで混ぜる。

3 生地がやっとまとまるくらいになったらラップで包み、冷蔵庫で30分ほど休ませる。

4 のし台に打ち粉をし（固いようなら麺棒で数回たたく）、生地を縦長にのばす。

5 手前と奥を折りたたんで中央で合わせ、それをさらに半分に折る（4つ折り）。生地を90度回転させる（やわらかくて扱いにくいようなら、この後、冷蔵庫で冷やす）。

6 4～5をあと2回繰り返す（バターの粒が見えるようならさらにもう1回行う）。

7 ラップで包み、冷蔵庫で30分ほど休ませたら完成。

※保存する場合は冷凍庫で行い、使う前に冷蔵庫で解凍する。

基本の生地 ③

基本の流れを応用して
丸パン生地

本書ではピザ生地やクグロフ生地に応用。卵やスキムミルクが入るか入らないかや、分量に多少違いはありますが、粉、イースト、砂糖、塩、水分、油脂という基本的な材料や、こねと発酵の工程は同じ。流れを予習しておくと作業がスムーズに進みます。

Pâte de pain

材料（8個分）

A 強力粉 … 200g
　ドライイースト … 4g
　スキムミルク … 10g
　砂糖 … 20g
　塩 … 3g

水 … 110g
マーガリン（常温）… 30g
打ち粉（強力粉）、サラダ油
　… 各適量
全卵 … 20g

作り方

1 ボウルにAを入れて混ぜ、真ん中にくぼみを作って水分（ここでは水）を加え、粉っぽさがなくなるまでよく混ぜる。

2 こね台に移し、手前から奥に押し広げるようにして10～15分こねる。油脂（ここではマーガリン）を加えて全体にすり込む。

3 生地がまとまったら、こね台に叩きつけては丸めを100回ほど繰り返して粘りを出す。生地の表面がなめらかになり、薄い膜のようにのばせるようになったらOK。

4 表面をきれいに張り、薄くサラダ油を塗ったボウルに入れ、ラップをかける。オーブンの発酵機能などを使って30℃の場所に40分おいて一次発酵させる。

5 生地が1.5倍ほどに膨らんだら、指に打ち粉をつけ、生地に穴をあけてフィンガーテストをする。指を抜いても穴が元に戻らなければ一次発酵終了。穴がすぐにふさがるようなら、さらに5分ほどおいて再度発酵させる。

> 1～5の工程はホームベーカリーの「生地作りコース」で行ってもよい。具材を入れる場合は合図のブザーが鳴った後に加え、一次発酵を終わらせる。

6 打ち粉をしたこね台に生地を取り出し、8分割して丸める。トレーなどに置き、ふんわりとラップをして15分休ませる（ベンチタイム）。

7 ガスを抜くように軽く押して丸め直し、とじ目を下にして天板にのせる。オーブンの発酵機能などを使って35℃の場所に20～25分おいて二次発酵させる。

8 表面に溶きほぐした全卵を薄く塗り、180℃に予熱したオーブンで10～12分焼く。

索引（料理、ドリンク、チーズ）

［あ］

- 青かびチーズ……………………………………89
- アッペンツェラー………………………………91
- アニゼット………………………………………75
- 甘えびのタルタル………………………………46
- 亜麻仁クッキー………………………………134
- アマレット・ディ・サロンノ…………………75
- アメリカン・レモネード…………………36,77
- アルザスのクグロフ……………………………62
- あんかけロールキャベツ………………………55
- いちごドレッシングのサラダ…………………16
- いわしのオイル漬け……………………………47
- ウ・ア・ラ・ネージュ………………………130
- ウイスキー………………………………………71
- ウォッカ…………………………………………74
- ウォッシュチーズ………………………………85
- うずらの卵のピクルス…………………………35
- エクスプロラトゥール…………………………82
- エダム……………………………………………94
- エポワス…………………………………………85
- エメンタール……………………………………94
- オソー・イラティ………………………………91
- おつまみマカロン2種（カレー味・みそ味）…33
- オレンジのサングリア風………………………52

［か］

- 牡蠣のオイル漬け………………………………47
- カクテル…………………………………………77
- かじきまぐろのスープ煮………………………51
- ガスパチョ風スープ……………………………20
- カッテージチーズ………………………………80
- カナペ…………………………………………102
- カプリス・デ・ディウー………………………82
- ガプロン…………………………………………82
- カマンベール……………………………………82
- カマンベール・ド・ノルマンディー…………83
- カルヴァドス……………………………………72
- カルピスとアプリコットのカクテル…………53
- カレ・ド・レスト………………………………83
- カレリアンピーラッカ…………………………26
- カンタル…………………………………………91
- カンパリ…………………………………………76
- カンボゾラ………………………………………89
- キール………………………………………36、77
- キール・ロワイヤル……………………………77
- キッシュ・ロレーヌ……………………………64
- きのこと柿の白和え……………………………56
- きのこのポタージュ……………………………20
- キャロットラペ2種(スタンダード・エスニック風)…15
- きゅうりとぶどう、ディルのサラダ…………17
- キュンメル………………………………………75
- キルシュヴァッサー……………………………73
- クータンセ………………………………………83
- クール・ド・ヌーシャテル……………………83
- クグロフ・サレ…………………………………63
- クラウドブレッド………………………………98
- クラッカー……………………………………118
- グラナ・パダーノ………………………………94
- クランペット……………………………………97
- グラン マルニエ…………………………………75
- グラン マルニエの琥珀寒……………………122
- クリームチーズ…………………………………80
- グリュイエール…………………………………94
- クレープのオードブル2種
  （生ハム・スモークサーモン）………………25
- クレーム・ド・カシス…………………………76
- クロタン・ド・シャヴィニョール……………87
- クロック・ムッシュー………………………103
- 黒ビールのギモーヴ…………………………120
- コアントロー……………………………………75
- ゴーダ……………………………………………91
- コキーユ・サンジャック………………………49
- 黒糖サワー………………………………………52
- ごぼうのグラッセ……………………………127
- ゴルゴンゾーラ…………………………………89
- 根菜のフリッター………………………………57
- コンテ……………………………………………95
- コンフィテュール3種
  （キウイとりんご・パイナップルとハーブ・ドライフルーツ）
  ………………………………………………119

［さ］

- サクリスタン…………………………………133
- サケ・サワー……………………………………52
- サムソー…………………………………………92
- サラダ大根の雑穀ドレッシングかけ…………18
- サン・タンドレ…………………………………83
- サンドイッチ・シュルプリーズ……………105

サント・モール	87
さんまのパピヨット	48
シードルといちごのカクテル	53
シェーブルチーズ	87
自家製ハニーマスタード	40
自家製ゆでハム	40
シガラボレイ	132
しっとりとしたケイク・サレ	28
シャウールス	83
シャビシュー・デュ・ポワトゥ	87
シャルトルーズ	76
シャロレ	88
シャンディ・ガフ	37、78
シャンパン	68
シュー生地	138
シュトレン	108
シュプレーム	84
醸造酒	66
焼酎	73
蒸留酒	71
白いんげん豆のペースト	13
白かびチーズ	82
白みそと酒粕のディップ	58
ジン	74
ジン・トニック	37、78
スクリュー・ドライバー	78
スコーン	99
ズッキーニとかぼちゃのオイル漬け	14
スティルトン	89
スパークリングワイン	68
スピリッツ	74
スプリッツァー	77
スプリンツ	95
セミハードチーズ	91
セル・シュール・シェール	88
そば粉のガレット2種	
（のりの佃煮＆チーズ・かに＆アボカド）	32
そら豆のポタージュ	20

[た]

たこのやわらか煮	50
ダナブルー	89
卵サンド	101
タルト・タタン	124
タレッジオ	85
ダンボー	92
チーズとグレープフルーツのヴェリーヌ	31
チェシャー	95
チェダー	95
春餅＜チュンピン＞	100
ディップ2種	
（ヨーグルトとハーブ・赤パプリカとクリームチーズ）	24
テート・ド・モワーヌ	95
テキーラ	74
手まり寿司のプロフィトロール	54
豆腐マヨネーズ	24
トム・ド・サヴォワ	92
鶏レバームース	30

[な]

長ねぎと鶏肉のサラダ	19
ナッツとチーズのアイスボックスクッキー	134
2色のケイク・サレ	28
日本酒	70
練りパイ生地	139

[は]

ハードチーズ	94
ヴァランセ	87
パネットーネ	106
バノン	88
ハヴァーティ	92
バヴァリア・ブルー	90
バラカ	84
ヴァランセ	87
バルケット・オ・シトロン	125
パルミジャーノ・レッジャーノ	95
パン・デピス	113
パン・ペルデュ	104
ビール	69
ピエ・ダングロワ	85
ビクトリア サンドイッチケーキ	117
ピコドン	88
ピッツァ・タルトフランベ	60
ピッツァ・ノルマンディ	61
フィナンシエ	114
フェタ	80
フォンティーナ	92

ブシェ・ア・ラ・レーヌ	44
豚の角煮 フルーツソース	45
豚バラ肉の甘みそ蒸し	43
プティシュー2種（わさびクリーム・生ハム）	27
プティ・フール・グラッセ（たぬき・うさぎ）	128
プティ・フール・サレ2種	
（チーズ味・アンチョビ入りクロワッサン風）	131
プティ・ブリー	84
ブランデー	72
ブリア・サヴァラン	80
ブリー・ド・クーロミエ	84
ブリー・ド・ムラン	84
ブリー・ド・モー	84
プリニー・サン・ピエール	88
フリュイ・デギゼ	129
ブルー・デ・コース	90
ブルー・デュ・オ・ジュラ	90
ブルー・ドーヴェルニュ	90
フルーツケーキ	116
フルーツサンド	101
ブルーベリーとヨーグルトのムース	115
フルール・デュ・マキ	92
ブルソー	81
フルム・ダンベール	90
フレッシュチーズ	80
ブレッス・ブルー	90
プロセスチーズ	96
プロヴォローネ	92
フロマージュ・ブラン	81
ベーコンと甘栗のソテー	41
ペコリーノ・ロマーノ	95
ベネディクティン	76
ベラヴェッカ	106
ペラルドン	88
ベリーニ	77
ベル・パエーゼ	93
ボーフォール	96
ポップオーバー	98
ポテトサラダのミルフィユ仕立て	34
ボニファッツ	84
ボンボン・ア・ラ・リキュール	122
ポン・レヴェック	85

[ま]

マースダム	96
マーラーカオ	121
まぐろのタルタル	46
マスカルポーネ	81
マティーニ	78
マドレネット	114
マナラ	109
マリボー	93
丸パン生地	140
マンステール・ジェロメ	86
マンゼル・バベット	93
ミートパイ	42
ミモザ	37、77
ミモレット	96
ミント緑茶	53
ムース3種（赤パプリカ・グリーンピース・にんじん）	
	22、23
モスコ・ミュール	36、78
モッツァレッラ	81
モルビエ	93
モン・ドール	86
モントレー・ジャック	93

[ら]

ライオル	93
ラクレット	96
ラム	74
ラング・ド・シャ2種（山椒・赤みそ）	135
リーフパイ2種（シュガー味・ごま味）	135
リキュール	75
リコッタ	81
リゴット・ド・コンドリュー	88
リヴァロ	86
りんごのベニェ	126
りんごバター	118
ルイ	86
ルブロション	86
ロックフォール	90

[わ]

ワイン	66

吉田菊次郎（よしだ・きくじろう）

1944年東京生まれ。パリ「ペッケル」、「トロニア」、ジュネーヴ「ロール」などで修業ののち、スイス・バーゼル市コバ国際製菓学校卒業。帰国後、東京・渋谷にフランス菓子および喫茶室「ブールミッシュ」1号店開設。現在に至る。2004年、フランス農事功労章シュヴァリエ受章、厚生労働省より現代の名工（卓越した技能者）受章。2007年、日本食生活文化財団の食生活文化賞金賞を受賞。著書に『万国お菓子物語』（晶文社）、『西洋菓子彷徨始末』（朝文社）、『デパートB1物語』（平凡社）、『今までにないスイーツの発想と組み立て』（中西昭生と共著、誠文堂新光社）、『洋菓子百科事典』（白水社）ほか多数。

村松 周（むらまつ・しゅう）

横浜市生まれ。大学で服装デザインを学んだ後、専門学校で洋菓子の基礎を学ぶ。フラワーデザイン講師・カラーコーディネート講師として活動後、2001年より吉田菊次郎ケーキ教室のアシスタントとなる。和菓子は森山サチ子氏に師事。ブールミッシュ製菓アカデミー開校時より勤務し、現在は主任講師。外部講習会や、大学での講義、デモンストレーション等も行う。NHK連続ドラマ『真夜中のパン屋さん』を始め、数々のドラマ、バラエティー、クイズ番組等に協力及び製菓製パン指導。フランス・イタリア・ドイツ・北欧での製菓研修歴も多数。

STAFF

ブックデザイン	髙橋朱里、菅谷真理子（マルサンカク）
撮影	北川鉄雄
スタイリング	上島亜紀
イラスト	酒井マオリ
編集	早田昌美
調理協力	中西昭生（ブールミッシュ） 田中由美、新川優子、石川暁絵、藤田敦子 （以上「ブールミッシュ製菓アカデミー」スタッフ）

◆ 協力
(株)協同インターナショナル
ピックサラミハンガリー(株)

◆ スタイリング協力
コーンズ・アンド・カンパニー・リミテッド（SOLIA）
(株)ノリタケカンパニーリミテド
(有)ブロッサム オブ ナオコ

パーティーがぐっと盛り上がるフード＆ドリンク115品

フランス流気取らないおもてなしアペリティフ

NDC596
2017年5月22日　発行

著　者	吉田菊次郎、村松周
発行者	小川雄一
発行所	株式会社誠文堂新光社 〒113-0033　東京都文京区本郷3-3-11 ［編集］03-5805-7765　［販売］03-5800-5780 http://www.seibundo-shinkosha.net/
印刷所	株式会社大熊整美堂
製本所	和光堂株式会社

©2017, Kikujiro Yoshida, Shu Muramatsu.　Printed in Japan
検印省略。落丁・乱丁本はお取り替え致します。

本書のコピー、スキャン、デジタル化等の無断複製は、著作権法上での例外を除き、禁じられています。本書を代行業者等の第三者に依頼してスキャンやデジタル化することは、たとえ個人や家庭内での利用であっても著作権法上認められません。
本書に掲載された記事の著作権は著者に帰属します。これらを無断で使用し、展示・販売・レンタル・講習会等を行うことを禁じます。

JCOPY ＜(社)出版者著作権管理機構 委託出版物＞

本書を無断で複製複写（コピー）することは、著作権法上での例外を除き、禁じられています。本書をコピーされる場合は、そのつど事前に、(社)出版者著作権管理機構（電話 03-3513-6969／FAX 03-3513-6979／e-mail:info@jcopy.or.jp）の許諾を得てください。

ISBN978-4-416-51787-1